心理学与说话

"心理咨询典型案例"编写组 编著

中国纺织出版社有限公司

内 容 提 要

语言是人们必不可少的交际工具，不仅可以方便人与人的交流，更可以把交往过程中的心理沟通用语言的形式表现出来。从古至今，口才对一个人的发展有着至关重要的作用。

所谓"话不在多而在精"，本书就是告诉读者，怎样用语言满足对方的心理需求，把每一句话都说到对方心窝里，从而成为一名真正会说话的社交达人！

图书在版编目（CIP）数据

心理学与说话／"心理咨询典型案例"编写组编著. --北京：中国纺织出版社有限公司，2024.3
ISBN 978-7-5229-1060-4

Ⅰ.①心… Ⅱ.①心… Ⅲ.①心理学 Ⅳ.①B84

中国国家版本馆CIP数据核字（2024）第042877号

责任编辑：柳华君　　责任校对：高　涵　　责任印制：储志伟

中国纺织出版社有限公司出版发行
地址：北京市朝阳区百子湾东里A407号楼　邮政编码：100124
销售电话：010—67004422　传真：010—87155801
http://www.c-textilep.com
中国纺织出版社天猫旗舰店
官方微博 http://weibo.com/2119887771
天津千鹤文化传播有限公司印刷　各地新华书店经销
2024年3月第1版第1次印刷
开本：880×1230　1/32　印张：6.5
字数：107千字　定价：49.80元

凡购本书，如有缺页、倒页、脱页，由本社图书营销中心调换

前言

现实生活中，很多人都会羡慕那些说话妙语连珠、舌灿莲花的人，似乎这样的人在人际交往中总是扮演着积极的角色，他们才是真正能够在社交场上自由穿梭、在生活的浪潮中自在驰骋的人。的确，对于现代人来说，拥有傲人的口才可以让你在这个沟通无处不在的时代脱颖而出，在自己的一方天地中施展才华、站稳脚跟。

当然，并不是说讲话滔滔不绝、口若悬河就是口才好，口才并不能简单地用能说能聊来替代，讲话也有很多方面的技巧。比如，有的人诙谐幽默，三言两语就能打动他人；还有的人通过积极引导暗示的话就能轻松达到自己的目的。善于说话的人不一定说得很多，但是，他说过的每一句话都能恰到好处。

拥有高超的说话技巧，不仅可以给人留下深刻的印象，还可以让很多不了解你的人了解你，让了解你的人重新认识你。要知道语言往往是内心情感或者思想意识的一种表达，人们不仅可以通过语言说出自己的内心，也可以通过语言看到他人的内心。口才更是一个人内在涵养的体现，没有强大的内在和足够丰富的知识，很难拥有出众的口才，所以口才也体现着一个人的学识和气度。

日常交际中，我们的一言一语也经常和心理联系起来。我们说的话往往表达的是心声，我们的某些言辞，常常是为了说服别人，因而想要掌握真正有用的说话技巧，还需要把说话和心理学结合起来，运用一些心理策略来做到有效地影响他人、达成所愿的目的。那些会说的人能将话说到点子上，就是因为他能够通过语言来影响他人的心思，说出对方想听的，解除对方的担心，消除对方的顾虑。所以，心理学与说话技巧的完美结合才是我们与他人进行良好沟通的那把金钥匙。

  可以说，本书就是一本实用的说话技巧教程。在本书里，我们将从诸多细小的方面来阐述如何通过说话影响他人心理，教读者面对不同的人该怎样说话，怎样把话说好，使我们在人际交往中变得更加圆融。如果能在本书的指导下，将这些技巧运用到实际社交中，你一定会受益匪浅，令自己在社交场上如鱼得水！

编著者

2023年12月

目录

第1章 开口见心,心口结合的说话技巧 ◎001

把第一句话说好,轻松打开对方心门 ◎003
提高语言表达技巧要有正确的方法 ◎006
交谈不要以自己为中心,要让对方做主角 ◎010
开口就要表示出对他人的尊重 ◎013
真诚并自然地夸奖他人 ◎016

第2章 巧言说服,让他人心服口服的策略 ◎021

征服人心,以情动人 ◎023
权威效应,令其坚信不疑 ◎027
抓住对方在意的重点,令其情不自禁 ◎031
"软""硬"两手准备,打动对方心 ◎035
让更多人参与,巧妙进行说服 ◎039

第3章 实话巧说,面试求职顺利通过 ◎043

巧谈薪资待遇问题,让面试官易于接受 ◎045
独特的自我介绍,让面试官记忆深刻 ◎049
几句话摆脱面试官的难题与言语陷阱 ◎053

表现出你的服从，令面试官觉得你易于培养 ◎058

言语沉稳而不失热情，打动面试官的心 ◎063

第4章　面对上级，言辞关切博得领导认可 ◎069

坦诚相告，获得领导的理解与支持 ◎071

不为自己的失职找借口 ◎075

乐观接受任务，绝不埋怨牢骚 ◎079

支持领导工作，赢得领导信任 ◎082

三言两语巧妙说，消除与上司的矛盾 ◎086

第5章　面对同事，委婉友善切忌口不择言 ◎089

说话讲策略，和同事和谐相处 ◎091

说话放低自己，抬高对手令其飘飘然 ◎095

常常自嘲打趣，令你赢得职场人气 ◎099

有主见的话可令你获得威信与支持 ◎103

巧妙反驳，让同事欣然接受 ◎107

第6章　面对下属，言简意赅树立领导权威 ◎109

恩威并用，让下属深深信服你 ◎111

说话以事实例证为依据，更有信服力 ◎114

下属有怨气要用言语柔化 ◎118

与性格不同的下属谈话用不同的语气 ◎121

多理解，少否定，认真听 ◎125

第7章　面对谈判，巧词让对方无力反击 ◎129

言语直击内心，令人自发认同 ◎131

说点"情"话，打动对方 ◎135

言语示弱，令对方放松警惕 ◎139

语言的"高压政策"，使对方心悦诚服 ◎142

迂回的言语，使其心里焦急露出破绽 ◎144

第8章　面对朋友，巧打圆场赢人气 ◎149

巧言化解尴尬，智语打破冷场 ◎151

再直白的人也要学会婉转说话 ◎153

言多必失，有时沉默是金 ◎157

话不说满，给自己留条后路 ◎160

第9章　面对恋人，巧言善语赢得真心 ◎165

表达最真实的爱，给对方安全感 ◎167

"醋话"暗示爱意，表明心意 ◎172

用"娇滴滴"的口吻，点燃对方爱的火焰 ◎176

女人温言暖语最能俘虏爱人心 ◎180

第10章　面对亲人，贴心暖语营造快乐家庭 ◎183

家人之间要学会道歉与原谅 ◎185

与家人说话也要有足够的尊重 ◎188

这样说话孩子才能听进去 ◎191

婆媳间的言谈要留心 ◎194

小吵小闹也可以很温情 ◎197

参考文献 ◎200

第1章

开口见心,心口结合的说话技巧

把第一句话说好,轻松打开对方心门

萍水相逢的两个人,要想在短时间内碰撞出心灵上的火花,达到共鸣,说好第一句话是关键。第一句话是初次见面时打开对方心扉的金钥匙,也是让素不相识的人一见如故的关键所在。

在交际中,有的人经常能用一句话就抓住对方的心,让对方有继续交谈下去的兴趣,对其产生知音般的好感,从而愿意将谈话继续下去。一句话能够让双方倾心和投机,就会开创一个融洽、热烈的交谈局面,就能顺理成章地达到沟通和交流的目的。拥有这种本领的人,一定有着吸引他人的魅力,他的交际面也会越来越广。

漂亮的第一句话能够给人亲切、友善、贴心的感觉。常见的社交开场方式列举如下。

1.攀亲傍友拉近双方的距离

三国时期,为了联合抗曹,鲁肃和诸葛亮进行了一次会谈。在两个人见面的时候,鲁肃第一句话就说道:"我,子瑜友也。"诸葛亮的哥哥诸葛瑾字子瑜,是孙权帐下的谋士,和鲁肃是好朋友。鲁肃这句话字数不多,却很快拉近了双方的心理距离,让诸葛亮对他产生了信任感。鲁肃这种初次见面就攀亲的谈话方式在生活中是十分常见的,它能够很快地在两个陌生人之间搭起一座互相沟通的桥梁,让对方在顷刻之间就产生一见如故的感觉,从而给对方留下深刻的印象。任何一个人都不可能离开人群而独自生活,只要仔细留意,不难发现双方存在的那层"亲戚"关系。

比如"你是山东大学1996年毕业的,我是1998年毕业的,你还是我的学长呢""原来您是河北人啊,我老家是承德的,咱们两个可是老乡",这样的谈话方式会让对方感到亲切,很自然地把你当成自家人,接下来就会和你进行深入而愉快的交谈了。

2.表示敬仰的话能给人贴心的感觉

每个人都希望别人关心自己，当你在和陌生人谈话的时候能够以对方为中心，以对方的特长和成就为话题，就能够引起对方的兴趣，获得对方的好感。对对方表示敬重和仰慕，属于热情有礼貌的表现。当然，用敬仰的方式并不是指一味地奉承和言不由衷，而是要掌握好分寸，做到恰到好处，不能够给人以虚情假意的感觉，说话的内容和方法也要因人因地而异，灵活掌握。例如："我在画展上看到过您的艺术品，收获很大，没想到今天竟然能在这里看到您本人的风采，真是三生有幸啊。"

3.问候式的谈话给人亲切的感觉

交际其实很简单，和陌生人相处更是如此，通过一句简单的问候，表现出自己的热情、涵养和风度，就能让对方乐意和你进行交谈。

陌生人并没有任何值得害怕的地方，可怕的是羞怯和内向的性格导致丧失结交新朋友的机会。只要能够主动积极地同对方聊天，就能够产生共鸣。有时候我们觉得那些攀亲戚、问候式的话可能是"废话"，但正是这些"废话"，开创了一个良好的交谈局面，拉近了彼此的距离，为建立深厚的友谊打下了良好的基础。初次见面，只要第一句话抓住了对方的心，也就抓住了一个结交朋友的重要机会。

提高语言表达技巧要有正确的方法

好口才是建立在深厚的学识基础之上的,如果失去了这个基础,那么,要想达到口吐莲花的水平恐怕就是缘木求鱼了。准确的表达、幽默机智的应答和缜密的逻辑思维都离不开头脑中广博的知识。换言之,任何妙语连珠只不过是表面的技巧而已,个人的内涵才是最重要的东西。如果我们只停留在追求表面技巧上,未免就显得舍本逐末了。

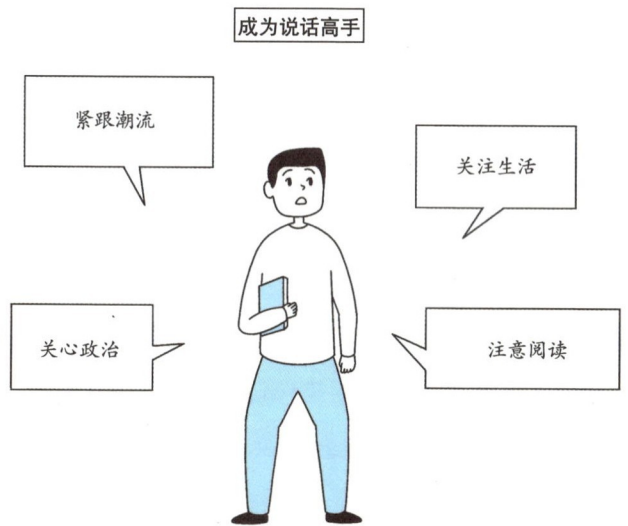

第1章 开口见心，心口结合的说话技巧

俗话说，十年树木，百年树人。要想成为一个说话高手，并不容易，这需要经过个人长期不懈的努力才能够实现。要想在交际场合游刃有余，应付自如，就应该从平常的一点一滴做起。

想要提高语言表达技巧，我们不妨从以下几个方面来入手：

1.关注生活，加强生活积累

如果生活在封闭的圈子当中，就会孤陋寡闻、与世隔绝，和周围的人以及环境失去联系。一个没有生活积累的人和别人说话的时候往往会因为所谈话题与社会现实脱节而让人感到枯燥无味，并使人对他也失去了兴趣。而丰富的生活积累有利于人与人之间的交际，所以我们应关注生活点滴，找到更多与人交际的话题。

2.注重阅读，增加知识含量

从某种程度上来讲，口才是"满腹经纶""博古通今"等词的另一种称谓。拥有了丰富的知识，在和别人的谈话中就不会因为无知而自卑，谈吐间就会很自然地引经据典、旁征博引，所表达的内容也会十分高雅。假如胸无点墨，在陌生人面前也好，老朋友面前也罢，就只有闷头静听的份，也就无法得到别人的关注。因此，在日常生活中，要多注意阅读，注重知识的积累，看一些历史、哲学、文学、政治、美学之类的书，提高一下个人的修养，让自己达到"腹有诗书气自华"的境界。当你有了充足的知识储备之后，就会有充足的底气站在别人面前进行较高层次的谈论了。

3.紧跟时尚，顺应时代的潮流

时尚是一个时期内比较流行的生活方式和文化理念，它以各种物质的形式表现出来，表达了时下人们的思想认识和价值观念，也体现了绝大部分人的精神需求。假如一个人和时尚脱离，就意味着被时代所抛弃，他也无法在实际生活中和别人产生共同的话题。一个不懂时尚的人在和别人的交谈过程中，他所说出的内容会因为缺乏时尚元素而显得乏味，他所受到的欢迎程度也必将大大降低。我们要想成为不被别人冷落的人，就要紧跟时尚，比如了解短时间内所流行的服装款式、电影类型、前沿杂志、热门话题等。这样就能够走在时代的最前沿，不至于被社会大潮抛在后面。紧跟时尚的生活方式和精神状态，不仅能让你享受到特定时期的文化气息，更能让你在交际场合中不至于处在边缘的位置，同时，为你有一个良好的交际圈子打下坚实的基础。

4.关心政治，了解时事

我们处在一个与世界交流越来越频繁的时代里，报刊、电视、互联网传递着世界各地的政治事件和时事新闻。如果连续几天不上网、不看报、不看电视，就会有一种被世界抛弃了的感觉。当别人谈及六方会谈的时候，你只能在一边竖起耳朵稀里糊涂地听着。政治和时事和我们息息相关，如果一个人紧闭房门，两耳不闻窗外事的话，显得既缺少知识又没有趣味，会遭到别人下意识的排斥和嘲笑。

我们应该知道，流利的表达、缜密的思维、从容的谈吐，其来源是头脑之中日积月累所形成的广博知识。要想提升自己的表达能力，绝不能去追求技巧上的细枝末叶，而是要用知识去武装头脑，提高学识修养。只有从根本上提升了自己，才能够厚积薄发，为自己的谈吐增色。

交谈不要以自己为中心，要让对方做主角

人际交往过程中，每个人都想得到别人的信任和欣赏，这种信任和欣赏必须是建立在沟通和交流之上的，也就是说，必须要寻找到适合和别人谈论的话题，这才利于更好地开展沟通，话题聊得投机是获得别人好感最好的捷径。谈论的话题范围可以很广，最应该注意的一点就是不要始终围绕自己展开谈论，讲话要想较快切入话题，主要看谈话对方的情况，话题要适当地多围绕对方谈论。

尤拉是一家公司的经理秘书，工作业务能力很强，经理对她很赞赏，可是她在公司的人缘却不是很好，同事都不喜欢和她交流，原因是她总是喜欢说自己的事情，大家听多了也都觉得很厌烦，所以平时除了交流工作上的事情之外，很少和她交流其他事情。

尤拉的工作能力虽然很强，但在同事之中没有好人缘，别人都不喜欢和她交流，经理发现了这个问题，并告诉她，在与别人交谈过程中如果总是围绕自己展开话题的话，不利于完成工作也不会赢得好人缘，想要给别人留下好印象，就要改变自

第1章 开口见心，心口结合的说话技巧

己的谈话方式。

在交际中想要找到适合和别人谈论的话题，需要主动地了解对方，围绕对方展开彼此之间的话题。心理学家总结出下面这几种方法，只要你明白了、学会了，你便可以轻松地找到适合和别人交谈的话题，让对方对你充满好感。

1.问候法

问候法往往需要你自己比较主动，问候法中带有请教、问候等内容，你的问候会让对方感到亲切，对方会有问必答，这样便可以直接从他的答话中寻找到可以和对方谈论的话题。这种方法一般适用于对长辈或者上司。

2.了解法

这种方法与问候法相似，但有所不同，适用于平级和对下级、晚辈，即多询问他的生活环境和其他情况，对他的工作和生活都有所了解，从了解的情况中寻找话题。

3.闲聊法

在与朋友相聚的过程中，闲聊人生、社会等大家共同关心的话题，从大家的反应中找到大家共同感兴趣的话题。

4.恭维法

这种方法适用于陌生人之间。知道对方从事的职业，便可以从他的专业、机遇、发展前景等话题入手。人人都爱听好话，对方不会拒绝你的恭维，同时也可以使对方自然而然地谈论起自己的事情。从这个角度出发，我们就能够和陌生人轻松沟通，尽快地熟络。

现代人拥有太多的交际应酬，太多的利益纷争，所以在为人处世中必须要有自己的一套心理策略，让自己在社会中站稳脚跟，同时得到别人的赏识。话题不要始终围绕自己是不可缺少的心理策略之一，给予对方说自己事情的机会，给予对方谈论话题的兴趣，倾听对方的谈论，这样才能让彼此友好地交流，自己也会在对方的心里留下好印象。

开口就要表示出对他人的尊重

现代人都很重视语言表达在心理和技巧上的训练,多加训练可以让自己放下心理包袱,自如地和陌生人愉快谈话。人们都想使自己与对方的谈话有意义、有收获,那我们的注意力就应该适当地从自己一方转移到对方身上,努力察觉到对方的优点、特长,围绕对方最在行的事情提问,打开对方的话匣子,让对方感觉到你能够发现他的专长,和他有共同语言,从而让对方对你抛出的话题感兴趣,对你有好印象,其实这便是和对方熟络的捷径。

心理学与说话

如果你和对方第一次见面，互相之间很陌生，在不了解对方性格和兴趣爱好的情况下，怎样才能够知道对方最在行的事情是什么呢？心理学家曾经总结过几种方法，这几种方法可以帮你迅速地抓住对方的专长，与陌生人投入交流。

1.要懂得判断对方的性格

假设你刚向对方介绍完自己，讲完几句友好的话之后，你停下来让对方介绍自己，而这个时候对方好像并不愿意主动介绍自己，他的反应是沉默不语。对方的一言不发顿时会让你感觉到自己很无趣、很尴尬，对方把讲话的机会原封不动地抛回给你，倘若这时你因尴尬而不继续引导和了解对方，你就会失去和对方交流的机会。这种情形下，切记不要让他的沉默惹恼了你。其实很多表面安静的人都有足够的知识和能力进行良好的谈话，但在尚未找到开口的好理由之前，他们宁可不说话，这时你必须寻找对方最在行的事情，让对方对你的话题充满兴趣。在这种情况下，我们最好是尽量慢慢地讲话，从对方的态度中观察对方感兴趣的话题，如果你的某个问题让对方开口了，则说明你已经找到了对方感兴趣的话题，打开了对方的话匣子。

2.延长说话时间，提高对方的谈话热情

如果对方是你的同事或者是一般朋友，双方都清楚各自的工作能力和生活爱好，你想要和对方进一步增进感情，最直接的方法便是延长和对方谈话的时间，提高对方和你谈话的热情。假如你实在不知道自己应该如何引导话题，那就从同事工作的能力上寻找话题。比如对方比自己的写作文采好，这便是对方比你在行的事情，你可以夸奖对方的文采，也可以和对方探讨一些文学方面的知识，这是对方在行的事情，对方谈论起来也能够得心应手，对方在你面前也会感到有成就感，所以对方一定会积极配合你的话题。对于朋友，可以从平时生活娱乐方面寻找话题，比如大家在K歌时，朋友唱得很棒，也可以夸奖朋友的歌喉，和朋友谈一些唱歌技巧的话题，在这个话题上，相信朋友一定不会拒绝和你长时间谈论的。

世界上有各种性格、各种能力的人，我们会面对形形色色的人群，和各种类型的人打交道，谈话是和对方建立友好关系的前提，如果你在平时生活中细心地察觉对方最在行的事情，把对方在行的事情当作你和他交谈时的话题，让对方松懈下来，同时自己也会倍感轻松，你全神贯注地倾听对方的滔滔不绝，让对方感觉到你对他的尊重，让对方对你另眼相看，当对方不间断地和你谈话时，你便达成了自己的目的。

真诚并自然地夸奖他人

卡耐基曾说过:"当我们想要改变别人时,为什么不用赞美来代替责备呢?纵然部属只有一点点进步,我们也应该赞美他,因为,那才能激励别人不断地改进。"赞美他人,绝对算得上是一件好事,但绝不是一件容易的事。我们在赞美别人的时候,需要审时度势,还需要掌握一些方法,否则,即使你是真诚的,也会将好事变成坏事。

不同的人在赞美别人的时候,会用到不同的方法。有的人喜欢采取直接的赞美方式,"你真是太漂亮了";有的人喜欢使用比较意外的方式,"今天的菜格外美味,你的厨艺越来越好了";有的人喜欢背着别人的面赞美他人,等到这话传到了当事人的耳朵里,却没想到效果出奇的好。如何才能使赞美发挥出应有的效果,如何才能通过赞美来打动他人,这就需要我们在赞美他人时讲究一定的方法,方法对了,赞美的效果就会出来了,那时,你还会担心打动不了人心吗?

其实,背后赞美他人比当面恭维的效果好得多,如果当面赞美,有可能会被认为这是拍马屁,同时,对方脸上也会挂不

第1章 开口见心，心口结合的说话技巧

住，会觉得赞美不够真诚。那么，趁着对方不在场的时候，赞美几句，总有一天，这话会传到对方耳朵里，他心里自然是美滋滋的，这样一来，打动人心的目的也达到了。

有记者曾问史考伯："你的老板为什么愿意一年付你超过100万元的薪金，你到底有什么本事？"史考伯回答说："我对钢铁懂得并不多，我的最大本事是我能鼓舞员工士气，而鼓舞员工的最好方法，就是表达真诚的赞赏和鼓励。"原来，史考伯就是凭着赞美他人，拿到了年薪100万元的高薪。不难想象，史考伯先生一定是精通了赞美的方法，否则，怎么能将赞美发挥出那样大的作用呢？

下面，我们就列举几种简单的方法，仅供参考借鉴。

1.出人意料的赞美

赞美来得比较突然，也会令人惊喜。比如，丈夫下班回家后，见妻子已经做好了饭菜，不妨称赞妻子几句，妻子看似应该的行为，却受到了丈夫的赞美，妻子的心情就会变得愉悦。而且，在生活中，如果你赞美的内容出乎意料，也会打动对方。

2.直接的赞美方法

在生活中，我们常见的赞美方法就是直接赞美，比如上司与下属、老师对学生、长辈对晚辈，等等。这样直接的赞美方法比较及时、直接，能够很好地鼓舞他人。如果你发现对方身上有什么特点，不妨直接告诉他"你最近工作业绩不错，快破了上个月的销售纪录了，继续努力"。

3.夸张的赞美方法

夸张的赞美方法又称为激情的赞美方法，拿破仑曾这样赞美他的妻子："从来没有哪个女人像你这样有如此忠贞、如此火热、如此情意缠绵的爱。"赞美可以使你获得爱情，同时，还可以缓和矛盾。那些无法掩饰的赞美之情，会使我们的另一半十分受用和满足。

4.间接的赞美方法

有直接的赞美方法，就有间接的赞美方法。在日常生活中，如果我们想赞美一个人，不便当面说出或没有适当的机会向他说出的时候，你可以在他的朋友或家人面前，适当地赞美一番，这样赞美收到的效果将会更好。比如，当着下属的面赞美另一位员工"我觉得小王挺不错的，工作很认真，踏实能干，我很欣赏他"，等这些话传到了员工耳朵里，他肯定会加倍努力工作来表达内心的感激。

第2章

巧言说服，让他人心服口服的策略

征服人心，以情动人

古人曰："感人心者，莫先乎情。"说服对方的过程，很大程度上可以说是一种情感的征服。只有善于将情感注入话语中，动之以情，才能打动人心，从而征服人心。在日常交际中，感情是沟通的桥梁，要想办好事，说服对方，就必须跨越这座桥，才能打开对方的心扉，达到掌控对方心理的目的。当我们在与对方交谈的时候，应该推心置腹，动之以情，话语中流露诚意，使对方感到你没有丝毫的不良企图，而是真心实意地与他交往。最后，以诚意柔化人心，达到打动对方的目的，那说服对方就简单多了。

有位孤独的老人，他无儿无女又体弱多病，于是，他决定搬到养老院去住。在离开之前，他登出了广告出售自己的住宅。由于老人的住宅楼位于市中心最繁华的地段，许多商人听说了都登门求购，争相出高价。这天，一位衣着朴素的女人带着一个小孩敲开了他的门，女人说："先生，我很想买这座住宅，可是我只有一万元。如果你肯把房子卖给我，以后，你可以照样住在这里，我们会陪你读报、喝茶、聊天，你的生活还会跟以前

心理学与说话

一样。"

老人笑了，这不正是自己需要的吗？在他人惊诧的眼光里，老人将钥匙交给了这个女人。

有时候，能够促使事情成功的，往往不是金钱利益上的东西，而是发自内心的真情流露。朴实的女人虽然没有多少钱，但是，她却以自己的无价的真情买到了那套住宅。由此可见，打动人心的最佳方式是用情感的魅力感染人，说话满含柔情征服人心，因为每个人都是有感情的，"真情"二字可以融化一个人的铁石心肠，在情感的召唤下，他的心理已经被你影响了。

富兰克林年轻的时候，就被推选为宾夕法尼亚州议会的秘书。不过，在之前的一次长篇演讲中，富兰克林曾被一位新议员骂得狗血喷头。面对这样一位对手，该如何相处呢？富兰克林心想："如果以牙还牙，自己绝对不是这位议员的对手，而且有可能影响自己以后的事业前途。虽然，这位新议员对我的攻击让我感到生气，但是，他的确是一个有学问的人，以后肯定会成为一名有影响的人物，或许还能够帮助自己呢。不过，像他这样的人，绝对讨厌阿谀奉承的人，不如，我以真情来打动他，化敌为友吧。"

这时，富兰克林无意中听说这位议员有几部珍贵的藏书，于是，他写了一封信，在信里诚恳地表示自己想借来阅读一下。那位议员收到了信，果真将书送来了。过了一个星期，富兰克林把书送还回去了，同时，写了一封信表示诚挚的谢意。

后来，两人又在会议室相遇的时候，议员竟然亲切地和富兰克林打招呼，交谈的语气也变得友好起来。他许诺，会在一切事情上支持富兰克林，就这样，两人成为了知心朋友。

富兰克林的真情攻略果然见效了，不仅化敌为友，同时，还争取了一位在人生道路上有助于自己的人。其实，温柔地说话与真情流露，往往会让别人认同你。如果对方所思所想完全与你相悖，这时候，就需要用"动之以情，晓之以理"的策略了，不要用刚烈的态度去反驳对方，而是以柔情的方式去试探他。这样，从表面上看你是顺从的，但是，实际上你却是想以柔情软化对方，最后，对方在你的真情攻略下就真的软化了，顺应了你的想法。

心理点拨

求人办事,我们就要懂得心理掌控术。如何运用心理掌控术呢?

1.利用对方的"同情心"

每个人的内心都有最为柔软的一部分,也许,它是人性的弱点,但是却可以为你打开成功之门。据说,凶残的鳄鱼在吞噬猎物的时候,总是要流下一串串"同情"的眼泪,由此折射出鳄鱼的狡诈之处。我们在求人办事的时候,也要善于"利用"别人的同情心,触动对方柔软的内心,最终获得帮助。

2.用情打开对方的心门

钥匙为什么能打开一把坚实的大锁?因为它最了解大锁的"芯"。其实,在现实生活中,人们的心,就像是上了锁的大门,即使是再粗的铁棒也撬不开,只有真情才能打开那把大锁,进入别人的心中,了解别人,从而达到掌控他人心理的目的。

权威效应，令其坚信不疑

权威效应，又被称为权威暗示效应，是指如果一个人地位高、有威信，就会受人敬重，而他所说的话以及所做的事情就很容易引起别人重视，并让他人相信其正确性，即"人微言轻、人贵言重"。"权威效应"的普遍存在，一方面在于满足了人们的崇拜心理，因为威信、权势对于每个人来说都有一种强大的吸引力，崇拜心理的作用使得他们对那些权威人士所说的话深信不疑；另一方面由于人们都有"安全心理"，人们总是认为权威人物才是正确的楷模，听信他们的言论会使自己更具安全感，增加不会出错的"保险系数"。

美国心理学家们曾经做过一个实验：在给某大学心理学系的学生们讲课时，向学生介绍一位从外校请来的德语教师，说这位德语教师是从德国来的著名化学家。这位"化学家"煞有其事地拿出了一个装有蒸馏水的瓶子，说这是他新发现的一种化学物质，有些气味，请在座的学生闻到气味时就举手，结果多数学生都举起了手。

本来那只是没有任何气味的蒸馏水，但由于"权威"化

学家的语言暗示而让许多学生都认为它有气味。这个实验直接体现了人们所具有的"安全心理"。同时,人们还有一种"认可心理",也可以称为"崇拜心理",他们总认为自己的言行要与权威人士保持一致,自己只有相信权威人士的言论,才能得到各方面的认可。所以,这两种心理就诞生了权威效应。

在我们现实生活中,利用"权威效应"的实例很多,比如在做广告时请权威名人赞赏某种产品,在辩论说理时引用权威人士的话作为论据,等等。相传,南朝的刘勰写出《文心雕龙》后无人重视,他想请当时的大文学家沈约审阅,但沈约却不予理睬。后来他装扮成卖书人,将作品送给沈约。没想到沈约阅后评价极高,于是《文心雕龙》成为中国文学评论的经典名著。因此,在日常交际中,我们利用"权威效应"，能够达到引导或改变对方态度和行为的目的，通过"权威言论"来影响其心理，操控其言行。

在绝大多数情况下，当某位权威人士发表观点时，大家很少去怀疑甚至反对。当然，在这时候，人们所相信的并不是某个人本身，而只是他的头衔，他们相信以他的地位、权势所说的话一定是真实的、值得相信的。

心理点拨

1.借用专家的话

很多健康专家认为，晚上身体往右侧睡才是最健康的睡姿。于是，当你在向朋友或家人证实这种言论的真实性时，不妨这样说："健康专家都这么说，难道还有假？"

2.借用位高权重人士的话

最近几年国家经济飞速发展，但物价也猛涨，对此，国家相关权威人士表示会抑制部分的经济泡沫。于是，在平日闲聊中，发现邻居大妈相信物价不跌反涨时，你就可以搬出权威人士的话："央行行长都发话了，要出台一系列措施，抑制物价……"

3.借用各行业权威人士的话

在每个行业都有相应的权威人士，比如文学领域里的矛盾、鲁迅，艺术领域里的梵高、贝多芬，等等。当我们在强调语言是多么重要的时候，不妨搬出语言大师林语堂的言论："语言不是一般的工具，使用起来不同于其他工具。"

4.借用上司的言论婉拒对方

很多时候我们不知道该如何拒绝时，可以借助上司的言论进行拒绝，比如"前几天经理刚宣布过，不准任何顾客进仓库，我怎么能带你去呢"，或者说"这件事我做不了主，我会把你的要求向领导反映一下，好吗"。

抓住对方在意的重点，令其情不自禁

在日常交际中，我们与对方的交流沟通，实际上就是一场心理的较量。而且，彼此都带着各自在意的重点，以此来达成共识。

如何才能打动对方呢？这需要我们仔细观察，从对方言语中抓住对方在意的重点，再以其在意的东西作为诱饵，这样一来，对方肯定会心动，进而不得不答应我们的请求。我们会以其在意的东西作为诱饵，如此来暗合对方的心理时，会让对方感到很受尊重，在无形之中，也拉近了彼此的距离。

有时候，对方在意的东西往往是他的把柄之一，有可能他会为了在意的重点而放弃之前所提出的条件，在此时，若我们乘虚而入，对方就会在交流中败下阵来。

小娜是一位汽车节油产品推销员。这天，她约见了一位客户，这是一位拥有三辆机动车的店主。小娜想：对于这样一位客户来说，他最在意的应该是怎样能节约汽油费，以此来缩小店里每天的开销，达到最大的盈利。

于是，她见到客户，首先就询问了客户对增加利润的看

法，等客户提到了"减少开销"，小娜立即抓住话题说了下去："您说的句句是真言。特别是开销，那是无形中的损失。比如汽油费，一天节约20元，您想过一个月能节省多少吗？贵店有3辆车，一天节省60元，一个月就有1800元。坚持下去，10年可省21万元。如果能够节约却不节约，岂不等于把百元钞票一张张撕掉？如果把这一笔钱放在银行，以5分利计算，一年的利息就有1万多元，不知您高见如何，觉得有没有节油的必要呢？"听了小娜这样的分析，客户觉得自己应该改变这种浪费情况，最终购买了节油产品。

如何节约汽油费，减少开支，对于拥有3辆汽车的店主来说，是值得考虑的问题。推销员小娜以此为突破口，在与客户交谈的过程中，一点点地将话题延伸到节油的问题上，引起客户的注意，再一点点地用详细说明来博得客户的同意，使其购买了小娜推销的节油产品。

另外，在日常交际中，双方的沟通最忌讳彼此沉默不语，或者，自己在那里说得口若悬河，对方总是一副爱理不理的样子。那么，如何让对方开口说话呢？最好的办法就是**善于发现对方比较在意的东西**，比如兴趣爱好，从对方感兴趣的东西说起，这样才会使整个谈话过程变得愉悦而畅快。

心理点拨

那么，哪些才是对方在意的重点呢？

1. 找到对方的利益所在点

就像案例中小娜找到了店主的利益所在一样，每个人都一定会有其在意的关于利益的东西，有可能是金钱，有可能是名声，有可能是地位。那么，在沟通的过程中，我们就要善于以对方在意的利益作为诱饵，以此达到打动对方的目的。

2. 找到对方的兴趣所在

每个人都有自己的兴趣爱好，因此，在交流过程中，我们要想办法找到对方的兴趣点。可以在与对方交谈之前做好准备工作，了解对方有什么兴趣爱好；也可以通过自己的观察或提问来获得对方感兴趣的信息。

另外，为了获得更多有关对方的信息，更好地打动对方，我们需要让对方尽可能地多说话。所以，交流要先从对方的兴趣说起，这样顺势展开的话题会利于整个沟通的顺利进行。

"软""硬"两手准备，打动对方心

在人际交往中，我们经常会遇到性格不同的人，他们有的性格强硬，有的性格软弱，对于不同性格的人，要采用不同的心理策略，如此才能拿捏恰当，从而打动对方。比如，性格强硬的人，他们生性倔强，对于这样的人，他们是服软不服硬，这时，不妨放下自己的面子，以示弱的姿态请求于他，相信事情必能办成，如果你执意不信，坚决硬碰硬，那最后吃苦头的只会是你自己；而对于那些性格软弱的人，他们常常犹豫不决，需要有人给他们出主意，他们就是吃硬不吃软的主儿，这时，我们要拿出强硬的作风来，这样才能掌控整个局面。对此，在交际过程中，我们要看出对方是吃软还是吃硬，再拿出准备好的心理招数，或以柔克刚，或软硬兼施。

俗话说："求神要看佛，说话要看人。"人上一百，形形色色，每个人都有自己的性情，每个人都有不同的心理。这时候，交际策略也需要因人而异，需要迎合对方的性情、心理特点，这样我们才能有效地掌握主动地位。否则，一味地强势或一味地软弱，只会使我们在交流中处于越来越被动的地位。

所以,我们在与他人交流的时候,需要看准人下准药,如此这般,才能使自己在人际交往中如鱼得水、应对自如。

两千多年前,孔子的学生仲由问:"听到了,就可以去干吗?"孔子回答:"不能。"这时,另一个学生冉求也问了同样的问题:"听到了,就可以去干吗?"孔子回答说:"那当然,去干吧!"

> 求也退,故进之;由也兼人,故退之。

为什么面对同一个问题,孔子却给出了不同的回答呢?孔子认为,冉求平时做事喜欢退缩,所以要给他壮壮胆;仲由好胜,胆大勇为,所以要劝阻他,做事应三思而后行。孔子诲人也不是千篇一律,更何况是与人交往呢?在交际场合,面对不同个性的人,更需要我们看准人,办对事,时而强势,时而柔和，这样，我们才能处于交际的主动地位。

贝尔那·拉弟埃是个著名的推销专家，当他被推荐到"空中汽车"公司时，他面临的第一项挑战就是向印度推销汽车。这是件棘手的事情，因为这笔交易已由印度政府初审过，没有得到批准，能否重新获得成功的机会，靠的便是特派员的谈判本领。拉弟埃作为特派员深知自己背负的重任，他稍做准备后就飞往了新德里。接待他的是印航主席拉尔少将。拉弟埃到印度后，对他的谈判对手讲的第一句话是："正因为你，使我有机会在我生日这一天又回到了我的出生地。"

拉弟埃那句开场白"正因为你，使我有机会在我生日这一天又回到了我的出生地"十分得体，语气之中透露出来的亲昵，使拉弟埃与拉尔少将之间的距离更近了一步。结果可想而知，拉弟埃的印度之行取得了成功。在这里，拉弟埃使用的就是"以柔克刚"的心理策略。

心理点拨

1.以情动人

充满感情的话语是能够打动人心的，如果你能够有感情地提出自己的诉求，甚至把自己当下的难堪情境说上一说，对方多少都会因为同情而给予你帮助的。

2.适当示弱

在求人办事的过程中,我们需要以弱者的姿态来赢得对方的同情。当然,这里所说的示弱并不是真的示弱,只不过是以话语来博得对方的同情,以达到自己的目的。

3.柔中带刚

当我们在求人办事之前,需要找准对方的"心理弱点",这样我们才有"资本"说出柔中带刚的话,比如"你也知道,今天的事情是我无意中看见的,有可能会无意中说出去,不过,相信你会妥善处理好这件事情的"。

4.强硬的姿态

在某些场合,为了达到说服对方的目的,我们需要适时运用强势的心理策略,以强硬的语言表达一种坚定的立场,迫使对方服从于我们。

让更多人参与，巧妙进行说服

生活中，当一个人说一句谎言，没有人相信，但是如果十个人说同样一个谎言，那么这个谎言就会成为真理。人有从众心理，害怕被孤立，在大多数人的身边才会有安全感。因此，当你没有办法说服对方的时候，不妨让更多的人参与进来，对对方进行说服。

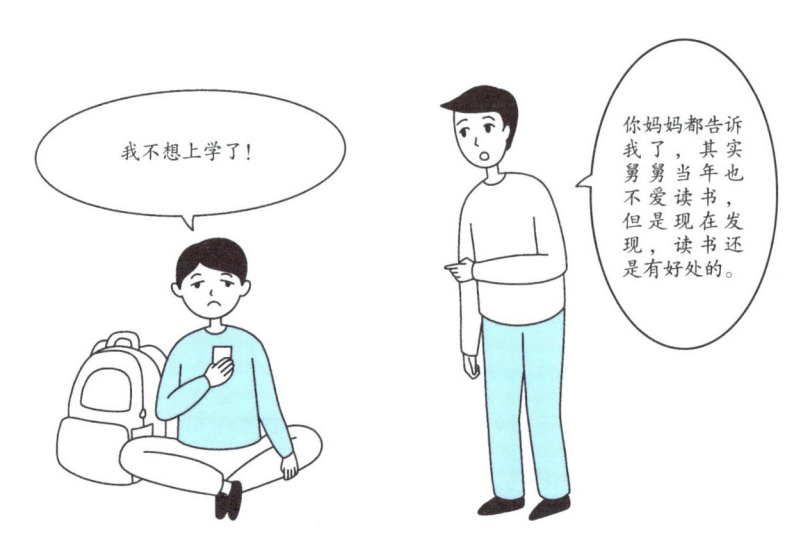

让更多的人参与进来，把一个理由说上十遍。听第一遍

的时候觉得很可笑，听第二遍的时候也会很可笑，当听第五遍的时候就会开始觉得有道理，当听第十遍的时候就会觉得是真理。让更多的人参与到你的攻心战中，不断对对方进行心理暗示，再加上人数不断增多，对方就会越来越孤立。内心安全感的需要也会促使他更改主意。

心理点拨

那么，让更多的人参与到你的攻心战中，对对方进行游说时，要注意哪些方面的问题呢？

1. 参与的人与对方关系要密切

在利用多人对对方进行说服的时候，一定要注意了，这些人和被说服者要有亲密的关系，这样他们所说的话才能起到作用。否则一群无关痛痒的人说了也不起作用，还会引起对方的反感。一般情况下，这些参与的人最好是长辈、亲戚和亲密的朋友。

2. 要确定参与人是站在你这边的

在邀请人对对方进行说服时，还要注意，一定要确认这些人和你是一个阵营里的，和你持同一个观点。否则说服就会起到反作用。所以，在邀请之前，一定要跟他们事先沟通，了解他们的想法和看法至关重要。

3.说服对方的时候不要一窝蜂

还要注意的是,说服的时候不要一窝蜂似的涌过去,这样十个人游说和一个人游说的效果是一样的。要选择不间断地前往,这样时间一长,对方就会动摇,就会被说服了。

第3章

实话巧说,面试求职顺利通过

巧谈薪资待遇问题,让面试官易于接受

在求职面试时,薪资问题是一个敏感但又不可回避的问题。一般情况下,作为求职者,和面试官谈薪资,常常是战战兢兢,生怕有一点差池,既怕委屈了自己,又怕失去了机会。估计也有一些职场新人知道,应该尽量不要在面试的时候与面试官谈论薪水问题。因为从心理角度看,如果谈不出结果,只会给面试官一个淘汰你的理由。而事实上,很多面试官在面试的时候会反过来问你对薪资的看法,诸如,你希望得到什么样的薪资待遇?你觉得自己每年加薪的幅度是多少?你愿意降低自己的薪水标准吗?这个时候如果还一再推脱,恐怕只会让面试官觉得你软弱了。

心理点拨

那么,面对这种情况,我们该如何巧妙地回答才能让面试官接受呢?

在回答薪资问题的时候,不能逞匹夫之勇乱答一气,要有准备,要有策略:

1.了解市场行情,确定要谈的薪资范围

如果你想要和面试官达成一个合理的薪资共识,你要事先考虑:你的专业是什么?人才市场对你这类人才的需求有多大?其他同行的薪资水平是多少?然后你需要结合公司的情况,取他们中间的一个平均值来考虑你的期望薪资,同时还应该多留意新闻中和本行业有关的报道,这样提出来的薪资标准才会让面试官觉得合理,接受起来也容易得多。

2.谈薪水的时候不要拘泥于薪资本身

在面试中谈薪水,不能"就薪水谈薪水",要把握适度合理的原则。告诉自己的面试官:"薪水不是最重要的,我更在

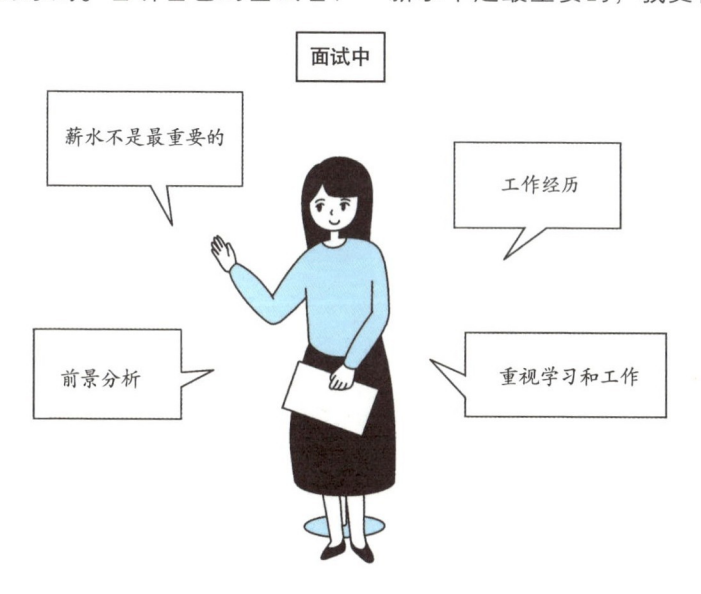

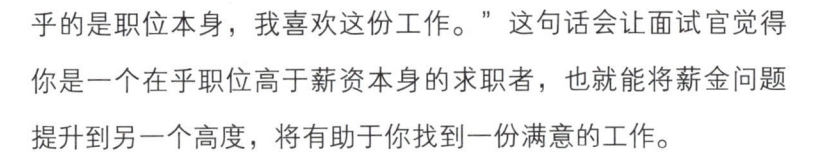

乎的是职位本身，我喜欢这份工作。"这句话会让面试官觉得你是一个在乎职位高于薪资本身的求职者，也就能将薪金问题提升到另一个高度，将有助于你找到一份满意的工作。

3.含蓄表达

含蓄表达是个不错的选择。在告诉面试官自己希望的薪资待遇时，你要尽可能给出一个你希望的薪水范围，避免说出具体的数字，除非对方有这样的要求。这样既可以表达自己大致的薪资要求，也不至于因要求太离谱而招致面试官的不满。

同时，我们在与面试官谈论薪资的时候，还要注意一些禁忌问题：

（1）当面试官在询问你上一份工作的薪资时，最忌讳的就是虚报，也就是说不要虚报你目前的收入和能力。因为，用欺瞒的手段来获取高薪，一旦被发觉，对你的信誉将有很不好的影响。

（2）不要先开口。面试时不要急于把自己的底薪报出来，倘若你在还未摸清薪水的可能变动幅度之前就唐突地把自己暴露出去。这简直是在冒险，因为薪水问题通常是可以进一步协商的。

总之，在面试谈"薪"的时候，可千万不能逞一时的匹夫之勇乱答一气。你要有准备、讲策略，把每一句话都说到面试官的心里去。因为，你的回答将成为面试官考虑是否接受你的重要依据。

独特的自我介绍,让面试官记忆深刻

在求职面试时,大多数面试官会要求应聘者做自我介绍,一方面以此了解应聘者的大概情况,另一方面考察应聘者的口才、应变和心理承受、逻辑思维等能力。千万不要小看这个自我介绍,他既是打动面试官的敲门砖,也是推销自己的极好机会,因此一定要好好把握。因为自我介绍能否把话说到面试官的心里去,能否给面试官留下深刻的印象,直接影响甚至决定着你能否得到这份工作。

小宋是一名即将毕业的编辑出版专业的学生,最近在面试工作。

小宋进入面试的房间后,发现还有两名女生也来应聘编辑岗位。编辑部主任拿着三个学生的简历翻看了一下,让她们挨个介绍一下学习和实习经历。小宋的自我介绍被排在最后。"老师,我介绍一下自己……"小宋递上实习作品,称自己曾在报社实习。面试老师翻看作品时,小宋勇敢地毛遂自荐:"老师,我可不可以谈一下自己对编辑工作的理解?"

小宋的自我介绍是与众不同的,她除了做简单的自我介绍

> 编辑工作不仅包括选稿、改稿，我觉得更重要的是对文学有一种敏感。

外，还表明了自己对编辑工作的理解。从而在三个求职者中脱颖而出，让面试官记忆深刻。

心理点拨

那么如何自我介绍才恰当，能既合乎面试官的口味，又能体现自身的优势和长处呢？这个还是有规律可循的：

1.开场白

自我介绍时首先应礼貌地做一个简短的开场白，并向所有的面试人员（如果有多个面试官的话）示意，如果面试官正在注意别的东西，可以稍微等一下，等他注意力转过来后再开始。只有面试官已经把精力和目光转移到你身上的时候，你的开场白才会引起他的注意，才会对面试官的心理产生影响。

2.自我认识

为公司招到有用的人才，为公司带来利益，这是每个面试官的心理。因此，你要想一矢中的，首先就要知道你能带给公司什么好处。当然不能空口讲白话，必须有事实加以证明。

最理想的就是能够"展示"过去的成就。例如，你曾为以往的公司设计网页，并得过奖项或赞扬。当然，这些例子都必须与现在公司的业务性质有关。职位越高，自我认识就越重要，应将个人的成败得失告知面试官，越是具体，越是能让面试官觉得你态度良好。

3.投其所好

清楚自己的强项后，便可以开始预备自我介绍的内容：包括工作模式、优点、技能，自己的突出成就、专业知识、学术背景等。这会让面试官觉得你是个专业人才，有一定的实力。

但有一点必须谨记：话题所到之处，必须突出自己对该公司作出的贡献，如增加营业额、减低成本、发掘新市场等。

4.用工作经验代替凭空的优点介绍

有一些求职者喜欢对面试官说自己有什么样的优点，而事实上，直接说会显得苍白无力，不如把这些优点融合到你的工作经历当中。比如，你以前做过会计，你可以对考官说，"我从过去两年的会计职业生涯中得到很多锻炼，您知道做会计需要很强的准确度和对工作一丝不苟的认真态度，我工作的那两年,从来没出过什么差错,老板非常满意",等等。

我们在讲工作经验的时候,可以用一些专业词汇来提升你语言中的技术含量,一般专业的面试官会比较欣赏高质量的对话。

总之,我们在求职的时候,不要从一开始就把自己放在一个被挑选的位置上,和面试官之间的较量,是一场公平的比武,只要你懂得把自我介绍说到面试官心里去,就能让其对你印象深刻,从而为你面试成功增添砝码!

几句话摆脱面试官的难题与言语陷阱

有人说，面试就如同相亲。应聘者希望找到一份满意的工作，用人单位则希望找到优秀的合作伙伴。而作为面试官，都希望面试者能在短短一席话中表现出自己的优点、说出聪明话或立即呈现出机智的反应。面试，双方玩的其实是一场心理游戏。

而通常情况下，面试官为了做到选人不失误，也许会在面试中设置种种语言陷阱和难题，以考量你的智慧、性格、应变能力和心理承受能力。而面试者只有识破这样的语言陷阱，并学会用语言巧妙地摆脱这些陷阱，才能反过来操纵面试官的心理，巧妙地绕开陷阱，不至于一头栽进去。

心理点拨

针对不同的难题与语言陷阱，面试者可以以不同的方式回答：
1.针对用"激将法"遮蔽的语言陷阱
这是面试官用来淘汰大部分应聘者的惯用手法。采用这种手法的面试官,往往在提问之前就会用怀疑、尖锐、咄咄逼人的眼神逼视对方,先令对方心理防线步步溃退,然后冷不防用一个明显不友好的发问激怒对方。此时,应聘者若结结巴巴、无言以对,抑或怒形于色、据理力争、脸红脖粗,那就掉进了对方所设的圈套。应聘者碰到此种情况,要头脑冷静,然后用几句有力度又能让对方心服口服的话来回应。

面对这种咄咄逼人的发问,作为应聘者,首先要做到的就是无论如何不要被"激怒",如果你被"激怒"了,那么你就已经输掉了。面对这样的发问,如何接招才能反过来操纵面试官的心理呢?

> 你性格过于内向,这恐怕与我们的职业不合适。

> 据说内向的人往往具有专心致志、锲而不舍的品质,另外我善于倾听,因为我觉得应该把发言机会多留给别人。

> 你经历太单纯,而我们需要的是社会经验丰富的人。

> 我确信如我有缘加盟贵公司,我将会很快成为社会经验丰富的人,我希望自己有这样一段经历。

> 我们需要名牌院校的毕业生,你并非毕业于名牌院校。

> 听说盖茨也未毕业于哈佛大学。

> 你的专业怎么与所申请的职位不对口？

> 21世纪最抢手的就是复合型人才，而外行的灵感也许会超过内行，因为他们没有思维定势，没有条条框框。

2.面对挑战式的语言陷阱

这类提问的特点是，从求职者最薄弱的地方入手。

一般对于应届毕业生，面试官会提问："你的相关工作经验比较欠缺，你怎么看？"对于女大学生，面试官也许会问："女性常常会对自己的能力缺乏自信，你怎么看？"

如果回答"不见得吧""我看未必""完全不是这么回事"，那么也许你已经掉进陷阱了，因为对方希望听到的是你

> 除了学习，我还参与了其他活动。不是只有成绩才能反映人的学习能力。我的专业课都相当不错，您可以当场测试。

对这个问题的看法，而不是简单、生硬地反驳。

对于这样的问题，你可以用"这样的说法未必全对""这样的看法值得探讨""这样的说法有一定的道理，但我恐怕不能完全接受"为开场白，然后婉转地表达自己的不同意见。

碰到这样的问题，有的求职者常会不由自主地摆出防御姿态，甚至狠狠地反击对方。这样做，只会让面试官认为你过分自信，并对你有"狂妄自大"的评价。而最好的回答方式应该是，既不掩饰回避，也不要太直截了当，用明谈缺点实论优点的方式巧妙地绕过去。

3.针对诱导式的语言陷阱

这类问题的特点是，面试官往往设定一个特定的背景条件，诱导求职者做出错误的回答，因为任何一种回答都不能让对方满意。这时候，你的回答就需要用模糊语言来表示，这才不会掉进面试官设置的陷阱里，而同时，也会让面试官对你的反应能力大加赞赏。

另外，求职者要从态度上配合面试官的"追问"。这是避免失去分数的关键。对此，我们要避免出现以下三种态度：

一种是一脸漠然。有的人直接回答："没有什么可补充的。"这会让考官觉得你很冷漠，对所应聘的职位不热心。

另一种是答非所问、心不在焉，偏离主题的回答，会让面试官感到很失望。

还有一种是口若悬河，极力表现自己。这样回答的结果不仅不能得到面试官的认同,反而容易引起面试官的反感。

求职者说话的态度也影响着面试官的心理,从而产生"印象分",这个分是没有衡量标准的,只有面试官自己清楚。

总之,作为求职者,不管遇到面试官怎样的刁难,都要摆正心态,然后通过三言两语反过来操纵面试官的心理,从而把握面试的主动权,获得面试的成功!

表现出你的服从，令面试官觉得你易于培养

任何企业和单位都希望能招到服从安排的人，这也是很多面试官招聘求职者的重要条件之一。面试过程，不仅是一场口舌的较量，也是一场心理的较量。作为应聘者来说，要了解对方这一心理特征，做到有的放矢地说话，表达你的绝对服从，才能变被动为主动。这对提高应聘的成功率是大有好处的。

有些面试者认为，面试过程中，只要压低自己，尽量表现得恭恭敬敬就能表现出服从。事实上并非如此，面试是一种特殊的人际互动模式。而人际交往的合理原则是，既要顾及他人的需要亦要考虑自身的需要。自高自大令人讨厌，自轻自贱必然会令他人遗忘自己。低社交自尊之所以流行，是因为这样做的确能带来诸多赞扬"啊，小吴真会体贴人……""小吴大公无私……""小吴是个好人"，但是，低社交自尊在面试中是没有市场的。设想一个低社交自尊的人是你的部下，你会单独交给他一项任务吗？比如，让他追讨公司的债务。面试官倾向选择高社交自尊的面试者，固然可能是被其这样的个性吸引，但更主要的则是面试官代表面试单位信任了他。

心理点拨

可见，我们在表现服从的时候，并不是要放弃自尊，那么，我们如何才能既不卑不亢，又能让面试官产生"这位求职者将来肯定是个好调教的员工"这一心理呢？

1.面试时说话不要太显个性

我们在面试的时候，一定不能忘记一点，那就是你始终是求职者，面试官决定了你求职是否成功。任何人都不希望与一个锋芒毕露的人打交道，面试官也是。他们都希望能为企业和单位招到那些虚心上进而不是狂妄自大的人。

2.在谈话中，避免直接的质疑和反驳

面试过程中，对方始终是面试官，你是被面试的人，绝不能反客为主，应让对方畅所欲言。不要在情绪上过于激动，要尽量了解对方，如果你赞同对方的观点，适当表示一下就可以了，关键是态度要诚恳，说话要表现得发自内心，不可过于张扬，鼓掌大笑是不得体的。如果你反对对方的观点，应暂时保留，如果可能造成面试官对你的排斥，应找时机礼貌地予以解释或说明。你这样表达的用意，面试官自会心知肚明，他会在心里认为你是个愿意服从领导管理的人。

3.说话要时刻考虑面试官的需要

面试实际上是一个自我营销的过程。在这个过程中，求职者要把自己当作一个产品，客户就是面试官。要把产品销售出去，就要考虑客户的需求，而要把自己在面试中推销出去，就一定要充分考虑面试官的需求。因为每个面试官都明白一个道理：只有善解人意的求职者，懂得上司和领导需求的员工，才是一个好员工。所以，我们在说话的时候，一定要懂得时刻考虑面试官的需要。

通常，面试官都希望从你的陈述中观察你的语言组织能力、口头表达能力，从语音、语气、语调及其他肢体语言中折射出你为人的沉稳度、成熟度等，从而发现你的个人成就、个性、品质等。同时面试官还希望从中辨别一个求职者基本材料的真伪。

可见，对于这些内容，我们都要用精彩的语言展示出来，把最有价值的信息传达给面试官。

面试官认为你的回答正确时，他会面露微笑，或轻轻地点头。这就证明，你已经轻松俘获了面试官的心了，距离面试成功也不远了。

另外，要想让面试官觉得你好调教，一定还要避开以下两个说话误区：

误区1：卖弄口才，自吹自擂

现在有很多年轻的求职者自以为外貌和口才资质不错，以为在面试官面前能对答如流，便可以捞足"印象分"。于是他们就自鸣得意、夸夸其谈、自吹自擂，甚至指点江山，激扬文字了。

孰料，恰恰是这类人最有可能被面试官淘汰。原因很简单，面试官都明白这个道理，在知识为上的今天，只有踏踏实实的人，才会卖力地工作，服从领导，而那些外在轻浮内在无实的、刻意卖弄自己口才的人，以后肯定会在工作上带来不必要的麻烦。

误区2：迫不及待地抢话或争辩

有的求职者为了获得面试官的好感，就会试图通过语言的攻势来征服对方。这种人自我表现欲极强，爱抢话或爱插话，结果面试官根本不买他的账，反而被看成是两头尖尖腹中空的浅薄者，为了单位将来能得安宁，面试官还敢录用你吗？

因而，在求职面试时，无论自己的见解是多么的卓尔不群，无论别人对你的看法或观点有多大的偏差，都不可过分表现，要表现出服从。也只有这样，才会让面试官觉得你好调教，将来能是个得力的员工！

言语沉稳而不失热情，打动面试官的心

在求职面试中，面试官考察的是面试者的多种能力，不同的能力自然能够为求职者带来不同的面试机会。但无疑，任何一个面试官都会最看重求职者的核心素质。其中求职者必须具备的一条核心素质是——在面试中你必须扮演好一个求职者的角色：你必须有热情、亲和力，表现活跃，即使你的本性不是这样。而同时，你又不能让人感到虚伪，必须做到使面试官产生"这位求职者说话沉稳但又不失热情"的心理，让面试官感受到你的热情和能量，才能在求职面试时牢牢抓住面试官的眼球，"秀"出一个与众不同的自己，抓住面试官的心，从而赢得工作机会。

在求职时，杰克顺利通过了初试，然而在面试的过程中，面试官突然对杰克的表现进行了负面的评论。杰克听到这样的评论一时慌了神，失去了镇定。

杰克没有料到，面试官会这样当场表态。因为招聘者通常的做法是，如果对某个应聘者有看法，面试官会在纸上或心里记下这些看法，在结束了对所有应聘者面试表现的分析后，再亮出自己的结论。可见，这位面试官的话会明显让求职者感

心理学与说话

到不适,从而进入自卫状态。但其实,这是面试官测试一个求职者能否沉稳应对突发状况的策略。如若杰克能沉稳镇定,先承认面试官的观点,再作解释,那么面试官就会对杰克刮目相看,立即转变对杰克的看法。这样,就能掌控面试官的心理,扭转整个面试的局势了。

心理点拨

那么,在面试中,我们怎样才能沉稳又不失热情地说话,从而打动面试官的心呢？

1.表现出自己对工作的热心和进取心

每位面试官都希望能为企业和单位招到充满工作激情的人，这是毋庸置疑的。因为在工作中具有强烈进取心和热情的人，往往能够全面调动自己的综合能量，而且这种积极正面的工作状态会感染别人，带动身边人群，促进整个团队良好发展。所以我们在说话的时候，要迎合面试官的这一心理。

比如，面试官提问："出于工作晋升的考虑，你打算继续深造吗？"

此时，我们可以回答："作为一名大学生，我学到了很多知识，如果有合适的机会，我当然会考虑继续深造。倘若我发现自己所做的工作有价值，而且也需要获得更多的教育才能在这一领域做得出色，我当然会毫不犹豫地去学习。"

这种回答显示了求职者的雄心、热情以及动力。会让面试官觉得求职者具有与众不同的想法，而且对重大职业决策非常认真。

2.沉稳回答，让面试官折服于你的沟通技能

在职场中能够有效沟通，意味着能够清楚而有说服力地传递信息、想法以及态度，如果你能表明自己具有高超的沟通技能，而且能通过书面和口头语言有效地影响面试官，那么你成功的机会就会大大增加。

比如，当面试官提问："上下级之间应该怎样交往？"

此时，我们可以回答："我认为能在企业各个层面上清楚地进行交流，这对企业的生存至关重要。我认为自己已经在这个方面有了很强的能力。从上下级关系来说，最重要的应该是意识到每个人以及每种关系都是不同的。对于我来说最好的方式就是始终不带任何成见地来对待这种关系的发展。"

这种回答会给面试官留下这一印象：求职者理解人际关系的复杂性以及多样性。求职者明确地表达了高效沟通技能的重要性，他在这方面很有自信。

3.尽量少用一些模糊概念的词

比如，面试官问："你认为你有什么特长？"

这是一个相当宽泛的问题，它给求职者提供了一个机会，可以让求职者表明自己的情况和挑战欲。对这个问题的回答将为面试官在判断求职者是否对获得这个职位有足够的动力和自信心方面提供关键信息。

有的人会这样回答："我不知道。我擅长做很多事情。如果我能得到并且决定接受这份工作，我确信自己可以把它做得相当好，因为我过去一直都很成功。"

尽管表面上听起来这种回答可以接受，但是它在几个方面都有欠缺。首先，这种语言很无力。像"擅长做很多事情"以及"相当好"之类的话，都无法反映你的进取心，而如果不能表现出足够的进取心，就很难被面试官接受。另外，将过去做过的所有事情同这个职位联系起来，这会让面试官觉得，你对这一特定职位没有足够的成就欲望和真正的热情。

　　总之，在面试中，我们只有在沉稳的同时表达自己的热情，才能打动面试官的心，达成我们面试成功的目的！

第4章

面对上级,言辞关切博得领导认可

坦诚相告，获得领导的理解与支持

职场中，有那么一些人，即使他遭遇苦难，他熠熠闪光的精神也会让周围的人肃然起敬，因为他坦诚；也有那么一些人，即使爬得再高，也为人不齿，因为他品行不端。领导也一样，没有领导喜欢那些华而不实的下属。的确，如果我们能坦诚地对待领导，他也会坦诚对待你；当你的职业精神增加一分，别人对你的尊敬也会增加一分。不管你的能力如何，只要你真正表现出对公司的坦诚，你就能赢得领导的信赖。

在工作中，下属要赢得领导的肯定和支持，很重要的一点是要让领导感受到你的坦诚。工作中的事情不要对领导保密或隐瞒，要以开放而坦率的态度与领导交往，这样领导才会觉得你可以信赖，他才能以一种真心交流的态度与你相处。以理服人不是说服领导的最高原则，如果没有让领导感受到你的坦诚，即使你把一项事情的道理讲得非常明白，实际上也一点用都没有，因为人是有强烈感情色彩的动物，生活中情大于理的情况比比皆是，在感情与道理之间，人往往侧重于感情，领导者当然也不例外。来到一个单位后，第一件需要做的事情就是要与人坦诚相待,给人留下坦诚的印象。

朱蕾与王欣儿同在一家工艺品公司上班,有一天,主任让她们把一个花瓶送到市里的一个文化单位,她们保证一定安全送到。

路上突然遇到了车祸,花瓶也掉到地上碎掉了。她们当时就被吓得魂飞魄散,想着工作肯定是保不住了。正当手足无措的时候,朱蕾马上送受伤的人去了医院。等她回到公司以后,王欣儿刚从经理办公室出来,看样子领导是问过话了。朱蕾赶忙去经理办公室道歉并主动承担起了责任。

听完她的话,领导也没说什么,只是让她出去歇歇。

朱蕾正收拾东西,准备写辞职信的时候,领导秘书却通知王欣儿以后不用来上班了,而朱蕾则被聘为产品检测部的主管。其理由是,对错不要紧,坦诚最重要!这时候,朱蕾才知道，王欣儿在办公室把责任全推给了自己，而这点小伎俩，自然被领导看穿了。

案例中，朱蕾与王欣儿在一件小事中，显示出了两种完全不同的品质，王欣儿为一己私利，将事情责任推给朱蕾，而朱蕾却很坦诚，并主动承担了责任，这一点，决定了两个人最后完全不同的职场命运。

其实，我们应该知道，在领导面前花言巧语，耍小伎俩，都会被领导看穿。有时候，无论什么事情，只要我们坦诚相告，无论功过与否，领导内心都会有定论，过多的解释和美化，反而会招致领导的讨厌。

心理点拨

那么，当我们与领导交流的时候，怎么才能让领导感受到我们的真诚呢？

1.尊重领导

领导需要绝对的权威感，做下属第一点要做的就是尊重领导，我们在与领导说话的时候，不要图一时口快，或者意气用事，让你的前途从此蒙上阴影。态度决定一切，忠诚高于一切是领导所信奉的。下属信奉的原则是：领导永远是正确的，领导永远是权威的。

2.学会积极倾听，做忠实的听众

坦诚并不需要夸夸其谈，而是一种态度，做领导的听众，他自然能感受到你的坦诚，因为沟通本来就是双向行为，当领导对你的工作或者人品等进行指点的时候，你必须学会倾听，在对方有意与你进行沟通时，你要做出一副感兴趣的样子，积极配合对方的沟通。

3.准确领会上司意图

一切工作都是从接受上级指示和命令开始的。上司委派工作时，我们应立即停下自己手中的工作，准备记录。在上司布置任务时，切勿打断上司的话，应该边听边总结要点，要充分理解指示的内容，明确完成工作的期限和主次顺序。

如果上司做出的决策确实与你的思路大相径庭，那也不妨先执行这个决策，然后私下里找上司交流一下，提出你的看法，通过交流弄清上司做出此等决策的意图。这样，你才能知道在实际工作中，通过何种途径会更好地完成任务。

无条件执行并不表示不能有个人看法，但是上司出于对全局的考虑所做的决策一定有他的道理，千万不要干出彻底否定上司决策的事儿。对上司的决策应在执行的过程中思考其目的，把握好加入个人意见的分寸，进而达到预期的工作效果。

不为自己的失职找借口

负责任是一个人立身做事的基本条件。一个人责任心如何，决定着他在工作中的态度，决定着工作的好坏与成败。而一个人是否有担当的勇气，更是责任心的一大体现。作为一名职场人士，要想获得领导的信任，想让自己的职业路走得一帆风顺，就要为自己的工作负起责任，要敢于负责、乐于负责、善于负责。当工作出现偏差或者失误的时候，一定要敢于承担，别为自己的失职找借口。

其实，无论任何人，即使领导也一样，我们都会犯错，工作出现偏差更是常有的事。而作为领导，肯定要表现出一定的姿态，批评一下你，作为下属的我们，一定要接受批评，这是态度问题，即使你在工作中出现了再大的问题，只要勇于承担、敢于接受，不为自己的失职找借口，反而会给领导留下可信任的印象。

当领导问及某件事时，即使自己没错，也不能出口狡辩和顶撞，这只会火上浇油，给领导的印象也就更恶劣。

心理点拨

那么，当我们遇到一些工作中的失误时，我们该如何面对领导的批评呢？

1. 认真对待批评

上司一般不会把批评、责训别人当成自己的乐趣。因为批评他人，尤其是训斥容易伤和气，那么他在提出批评时一般是比较谨慎的。而一旦批评了别人，就是一个权威问题和尊严问题。如果你把批评当耳旁风，我行我素，其效果也许比当面顶撞更糟。因为,你的眼里没有上司,让上司面子尽失。

2.对批评不要不服气和牢骚满腹

批评有批评的道理,即使错误的批评也有其可接受的地方,聪明的下属应该学会"利用"批评。上司对你错误的批评,只要你处理得当,有时会变成有利因素。但是,如果你不服气、发牢骚,那么,这种做法产生的负面效应将会让你和上司的感情距离拉大,关系恶化。

3.切勿当面顶撞

当然,公开场合受到不公正的批评、不适当的指责,会让自己感到难堪。你可以一方面私下耐心作些解释,另一方面用行动证明自己,当面顶撞是最不明智的做法。既然你都觉得自己下不了台,那反过来想想,如果你当面顶撞了上司,上司同样下不了台。如果你能在上司发脾气时给足他面子,起码能说明你大气、大度、理智、成熟。只要这上司不是存心找你的茬,冷静下来他一定会反思,你的表现一定会给他留下深刻而难以磨灭的印象,他的心里一定会有歉疚之情。

4.不要把批评看得太重

一两次受到批评并不代表自己就没前途了,更没必要觉得一切都完了。如果受到一两次批评你就一蹶不振,打不起精神,这样会让上司看不起你,今后他也就不会再信任和提拔你了。

5.受到批评不要过多解释

受到上级批评时,反复纠缠、争辩是没有必要的。

那么，确有冤情，确有误解怎么办？可找一两次机会表白，但应点到为止。即使上司没有为你"昭雪"，也用不着纠缠不休。这种斤斤计较型的部下，是很让上司头疼的。如果你的目的仅仅是不受批评，当然可以"寸土必争""寸步不让"。可是，一个把上司搞得筋疲力尽的人，又谈何晋升呢？

乐观接受任务，绝不埋怨牢骚

自古以来，下属能否毫无怨言地执行上级指派的任务，都是领导评判下属是否值得信任、是否忠诚的重要标准。当今社会也一样，这样的上下级关系必然会在工作上表现为高效率、高效益。在一个组织中，人们需要相互合作，而信任是合作的前提条件，没有信任的合作不可能成功。因此，要想获得领导的信任，就要乐意接受领导布置的任务，而不是牢骚满腹。

也许有人会质疑，这样的老好人是不是会吃亏，但也有一句话说得好，吃亏是福，当你毫无怨言地接受领导的任务，并努力做好它，领导是明白人，虽然在日常工作中不会说什么，但对你的信任却在一步步加深。

王颖是个很老实的女孩，平时话不多，更多的时候是在兢兢业业地工作。她明白，每个上司都喜欢替自己分忧的员工，尤其是新来的领导，对什么都不是很清楚，领导安排的任务，一定要尽力完成，才会减轻领导的负担。

王颖之所以能得到领导的赏识，是因为她能为领导排忧解难，毫无怨言地帮助领导，这样的下属何愁得不到领导的信任

> 因为我觉得只有我这边的工作做好了,领导那边才能少费点心,这样才能有时间处理其他事情。

> 看你平时不言语,做起事来真让人放心。

呢?有付出就会有回报,我们深知这句话的道理,会吃亏的人往往能得到更大的回报。职场中也一样,其实,你在一个地方付出了,就必定会在别的地方得到回报。在职场中,只要你能毫无怨言地接受领导分派的任务,并尽力去完成它,你就能让领导有更多的机会认识你、了解你,进而欣赏你。

心理点拨

我们要想有这样的认识,必须要明白下面的几个道理:

1.自己是付出的最终受益者

有人说:付出,无非是要做出无私的奉献,这对我有什么好处?我对别人付出了,谁对我付出?其实这种人的思维是狭隘的，他没有意识到付出的最终受益者是自己。职场中，那些只会耍弄权术，整天陷入尔虞我诈的复杂人际关系的人中，他们不是踏实工作的人，即使一时得以提升，取得一点成就，但终究不会获得理想的人生和令人愉悦的事业，最终受到损害的还是自己；而那些兢兢业业工作，为公司付出的人，可能升迁慢、加薪少，却是领导和公司最忠实的员工。领导之所以为领导，必当比一般人有更敏锐的观察力，对于这类人，自然会记在心底。

2.个人与企业的命运是紧密相连的

其实，我们明白，当我们努力工作，为公司争取到了更多的利益时，公司的效益会提升，我们的薪酬和职位也会上升；而相反，我们怠工，公司效益下降，我们加薪、升职的机会也就少了很多。所以，我们的命运和企业的命运是分不开的，作为下属，我们的提拔任用和所得到的报酬待遇，虽然是企业管理部门确定的，同时也是你自己努力工作换来的，与领导对你的了解与信任是分不开的。所以，只有下属对上级、个人对企业始终心存感激并努力接受上级安排的任务，才能让自己和企业同进步。

3.发牢骚并不是解决问题的办法

无论在工作还是生活中，我们都会遇到各种各样不如意的事。一味地抱怨不仅一事无成，还会把自己变成一个"怨妇"，让周围的人离你而去。你要做的应该是，找到解决问题的办法，只有问题解决了，才会让领导和同事对你刮目相看，并对你信任有加，你的职业路才会走得顺畅！

支持领导工作，赢得领导信任

很多职场人士认为，领导和下属之间永远处于利益的对立面。在关系的处理上，不必有任何的纠结，只要不得罪就好。俗话说："伴君如伴虎"，与领导相处，如履薄冰，但只要我们伴得好，"老虎"将会给你最大的支持，成为你驰骋职场的一张王牌。但前提是，我们要成为领导的好下属。曲意逢迎没用，溜须拍马更没用，只有支持领导工作才是你赢得信任的不变法则！

而且，作为领导，每天有很多事情需要处理，领导不可能事事过问。他只在宏观上把握全局，而具体的每一部分工作都由下属分工负责。当你能帮助领导分担一些工作难题时，上司就会离不开你，这样在上司心目中才会有你的位置。如果你不能做到这些，不仅不能让上司省心，还会成为上司的包袱，当一个下属不能起到自己应有的作用时，自然也得不到领导的信任。

支持上司工作是永远不变的法则，不要以为上司比你官职大，就不需要你的支持。让上司感觉到你对他的支持，是对上司工作最大的肯定，也是对上司尊敬的最好体现！

第4章 面对上级，言辞关切博得领导认可

> 其实，我觉得不管是原来领导的方案，还是新领导的方案，都是为公司的发展着想，只是出发点不同。我也有失职的地方，没向新上司交代公司的情况。

> 你认为谁的方案更好呢？

心理点拨

那么，我们在与领导相处的时候，该怎样让上司感受到我们的支持呢？

1.必要时提醒并帮助领导

有时候，领导事务繁忙，很可能遗忘一些事或者在某些事上处理不当，我们要做个有心人，及时提醒并帮助领导。

083

2.为领导节约时间

作为领导，时间都是紧张的，而且一般会提前安排，因此，我们要为领导着想，节约他的时间：

（1）提建议时，问题越简单越好，并安排好提问的先后顺序。

（2）事先向领导预约会谈的时间。

（3）选择合适的时间、地点提出建议。

3.做好领导关心的事

很多职场人认为，工作中，事情做得越多，就越能获得领导的信任。其实不然，作为领导，他不仅要看你做了多少事，还要看你做对了多少事。如果你花费大把的时间和精力做一些没有任何意义的事，领导只会觉得你是一个做无用功的人，并不会欣赏你。所以，你首先要弄清楚领导最希望你做什么事，其次才是把事情做好。

4.不仅提出问题，还提出解决方法

几乎每个领导都不喜欢这样的下属，提出一堆问题给领导，仿佛什么事都让领导来解决，这要下属有何用？我们应该做的是，做好力所能及的事，当一些问题无法定夺时一定要请示领导，不仅要提出问题，还要提出解决方法，让领导尽快做出决定。

5.工作上独当一面

在工作上能够独当一面，领导才能相信你的能力。

那么怎样才能使自己独当一面呢？

首先，有自己独特的眼光。 领导在作决策时，肯定需要下属出一些新招和"点子"。这些"点子"即使不一定被采用，也能给领导思考问题和做出正确决策提供一个新的参考。

其次，工作能力强，做同事不能做的事。 当有些事情让领导和同事都感到棘手时，假如你能从容镇定地把问题解决，上司一定会对你刮目相看，所谓"危难时刻方显英雄本色"嘛。

最后，把同事不愿做的小事揽下来。 单位里有许多不起眼的小事被大家所忽略，如勤杂工请假了，办公室没人打扫；单位新买了一些桌子、椅子要搬上楼等。聪明的人应该善于利用这些小事。当然，在上司看来，这种事情没什么可嘉奖的，但时间长了，你勤快、本分、实在、不讲报酬、能吃苦、工作扎实的作风，自然会在不知不觉中让上司对你有新的认识。

三言两语巧妙说，消除与上司的矛盾

宇宙万物，无时无刻不处于矛盾之中。身处职场，与上司共事、相处，难免会出现磕碰而导致误解和矛盾。有时往往是在不经意间得罪了某位领导，而我们自己却浑然不知，等到弄明白是某位领导误解了我们时已经为时晚矣。

那么，误解缘何而生？这是非常复杂的问题，因为它涉及人的心理活动的复杂性。嫉妒、多疑、防范、自负，甚至是对你过度的喜爱，都能诱发领导心中对你的不信任感，导致各种误解产生。而产生误解的一般性原因或者说客观性原因是：上下级之间存在着信息不准确或沟通不畅的问题。由于下级和领导缺乏足够的交流，这样，他便缺乏对你全面、直接和感性的认识，容易受他人意见的误导、领导直觉的左右和主观判断的影响，从而对你的言行产生认识误差。

其实，矛盾并不可怕，最重要的是我们要勇敢地正视它，并运用自己的智慧和技巧化解它。上下级之间一个最常见的矛盾就是彼此之间存在着误解和隔阂，如果处理不当或掉以轻心，误解便会成为成见，隔阂更会扩展成鸿沟，这对下属无疑是极为不利的。化解矛盾，我们要善于从上司的心理出发，通过三言两语，把话说到上司心坎上，这样一来削弱且化解矛盾并不是没有可能。

心理点拨

上司误解了下属，一般而言，他不会主动找你进行沟通。你对待上司误解最明智的态度就是及时、主动地去消除它，不让它成为定型之见。否则好的机缘会与你擦肩而过，让你悔之晚矣。以下几点消除误解的方法可供参考：

1.极力掩盖矛盾

每当有人说领导和自己的关系不好时，你要极力否认有此事，避免事态的扩大，更利于缓和矛盾。

2.公开场合注意尊重领导。

在工作中经常碰面，要主动和领导打招呼，不管领导理还是不理，脸上要挂着微笑。

3.背地场合注重褒扬领导

要知道当面说别人好不如背地褒扬别人效果好。背地里褒扬领导，领导肯定会高兴的，这样更利于误解的消除。

4.紧急情况"救驾"

平时工作中，你若知领导遇到紧急情况而没有台阶下的时候,你要挺身而出及时前去"救驾",做好打圆场的工作,这有利于领导心理平衡,消除误解。

5.找准机会解释前嫌

待领导对自己慢慢有了好感以后,你要利用机会,与领导很好地进行交流以冰释前嫌。

找合适的机会沟通,才能起到预想的效果。从心理学的角度看,人们能否接受建议,是与心境有关的。当上司百忙缠身、情绪不佳时,你若想解开误会,恐怕会事与愿违。

6.经常加强感情交流

领导与你的误解烟消云散之后,你不要掉以轻心,而是要趁热打铁,通过经常性的感情交流增进关系,让感情与日俱增。

第5章

面对同事，委婉友善切忌口不择言

说话讲策略，和同事和谐相处

身处职场，办公室每天都发生着这样那样的大事小情。不管你是不是事件的主角，也不管你是喜欢路见不平、拔刀相助的"英雄"，还是"事不关己，高高挂起"的"世外闲人"，都需要掌握一些与同事说话的技巧。因为要和这些同事们日复一日、年复一年地相处下去，把握了说话的分寸，才能在他们心目中塑造一种受欢迎和被欣赏的形象。只有这样，才有利于工作的开展，也有利于自身的发展。

与同事相处，要讲究分寸。话太少不行，那些少言寡语的人，会被大家认为是不合群、孤僻、不善交往的，久而久之，你就会被大家孤立，难以有什么发展。话多了也不行，容易让别人反感，而且也容易让别人误解，认为你是个轻浮、不稳重的人，还容易落下个"乌鸦嘴"的名声。所以说，不多说一句，也不少说一句才是与同事相处最理想的说话分寸。

心理点拨

与同事说话把握分寸，有下面这样几条原则：

1.公私分明

不管你与同事的私人关系如何，如果涉及公事，你千万不可把你们的私交和公事混为一谈，否则你会把自己置于一种十分尴尬的境地。

2.注意对方的语言习惯

我们在与同事交往的过程中，必须留意对方的忌讳语，一不留心，脱口而出，最易伤同事间的感情。即使对方知道你不懂得他的忌讳，情有可原，但你终究还是冒犯了他，因此，应该特别留心。

3.不要展示自己的优越

有些人动不动就提到自己或家人的辉煌业绩和显赫地位，向同事们炫耀，这将对同事们造成自尊心的伤害，引起大家的不快，导致对你的厌恶和反感。

4.尽量和睦相处，不发生正面争吵

中国人自古便十分强调"人和"的因素，素有"和气生财""以和为贵""家和万事兴"之类的古训，至今仍被人们铭记。不管你在公司、单位或任何一个利益共同体中处于怎样的位置，都应该与同事团结一致。"内讧"只能使每个人的利益都受到损失。

比如，当你偶然发现某位跟你十分熟识的同事，竟然在你背后四处散播谣言，说你的不是和缺点。这时你才猛然觉醒，原来平日的喜眉笑目，完全是对方的表面文章！为此，你可能很想和他大吵一通，揭露他的"恶行"，让其他的同事认清他的真面目。但这是万万不能做的。因为大家是同事关系，你若摆出绝交态度，一定吃亏。一则别人以为你主动跟他反目成仇，问题必然出在你身上，这无形中给了对方一个借口去伤害你，这样做太不理智了。二则你们同在一个办公室，你总不想成天看见一副冷若冰霜或是怒目而视的面孔吧！对方滔滔不绝或多有冲撞冒犯之时，尽管任其发泄，自己在旁心平气和，处之泰然，尽量以柔和礼貌的语言来表达自己的意见。所谓"不打不相识"，同事与同事间往往正是在这种激烈争执中达到了心灵的沟通和思想观念的交流，反倒越吵越了解，越争越痛快，比起以前的"和平共处"阶段还要互相尊重和信任。更何况你们还有合作机会，并且上司最不喜欢下属因私事交恶而影响工作。

5.闲谈时莫论人非

只要是人多的地方，就会有闲言碎语。有时，你可能不小心成为"放话"的人；有时，你也可能是别人"攻击"的对象，有些背后闲谈，比如领导喜欢谁、谁最吃得开、谁又有绯闻等，就像噪声一样，影响人的工作情绪，聪明的你要懂得，该说的就勇敢地说，不该说的一定不能乱说。

在办公室，同事每天见面的时间最长，谈话内容可能还会涉及工作以外的事情。但我们要知道，尽量不要在背后议论同事或者领导，更要懂得什么该说，什么不该说，要把握分寸，才能让同事觉得你是个可以信任的人。同时，这也是自我保护的一种手段，否则很可能招来不必要的麻烦。

总之，与同事说话，我们要懂得一些心理策略，让同事感觉到我们易于相处，这便能在整个说话中掌握主动权。

说话放低自己，抬高对手令其飘飘然

身处职场，少不了有竞争对手。有时候，同事间可能为了一个职位而恶语相加。有人可能认为，面对竞争对手，就是要表现自己，让对方退缩。而实际上，人们在被对手贬低的时候，都会有一种反击的心理，你的打击可能是让对方努力的动力。因此，聪明的职场人在打败竞争对手的时候，常常在说话时放低自己，抬高对手令其飘飘然，让其放松警惕，从而为自己增加竞争成功的砝码。

曹操一个人喝着闷酒，想了半天，请刘备来喝酒聊天。

曹操跟刘备聊得很开心，问了刘备一个问题："你说这年头谁是英雄？"

刘备心里想："我肯定是英雄，只是现在不得志。"但刘备不敢说，说了，可能会被曹操杀掉。刘备想了想，就跟曹操行起了酒令，顾左右而言其他。

绕了半天，曹操有些不耐烦，端起一杯酒喝完说："别绕了！这年头真正的英雄人物就是你跟我。"

这时，天上"轰隆"一声打了个巨雷，刘备呆呆地看着曹操，惊得筷子都掉到了地上。曹操不禁问刘备："怎么啦？"

刘备赶紧把筷子捡了起来，顺口说了句："这么大的雷，吓死我了。"老曹哈哈一笑："大丈夫怎么可以怕雷呢？"刘备赶紧接口："孔子是圣人，他也怕打雷，别说我了。"

此时张飞关羽两人怕曹操会杀刘备，闯了进来。见刘备没事，关羽连忙掩饰说自己来舞剑助兴。曹操说："这又不是鸿门宴。"然后斟酒让他们压惊。后来三人一起出来，刘备说："我在曹操的地盘上天天种菜，就是要让他知道我胸无大志，没想到刚才曹操竟说我是英雄，吓得我筷子都掉了。又怕曹操生疑，所以我就说自己怕打雷掩饰过去了。"关羽和张飞佩服得不得了。

可以说，放走刘备，是曹操一生中最大的错误，因为曹操已经看出刘备是当时真正的英雄。曹操甚至说了这样的话："今天下英雄，唯使君与操耳！"这句话是载入史册的。

从心理角度说，刘备称自己害怕打雷，是让曹操认为刘备是胸无大志的人，从而放走刘备，为刘备的崛起提供了机会。这套心理策略同样适用于现代职场，与同事竞争，在说话的时候不可狂妄，要尽量放低自己，让对方感觉到你已经示弱了。很多时候，这会为你的成功提供契机。

当然，放低姿态，不是低声下气、奉承谄媚。说话时放低姿态是一种艺术。办公室里，竞争有时候是隐性的，尤其是在我们得意之时，与同事说话，要谦和有礼、虚心，这样才能显示出自己的君子风度，淡化别人对你的嫉妒心理，维持和谐良好的人际关系。

> 毕业一年多就成了业务经理，真了不起，大有前途啊！

> 没什么，你过奖了，主要是领导和同事们抬举我。

心理点拨

那么，我们在与竞争对手说话的时候，怎样才能显示自己的低姿态，从而影响对方的心理呢？

1.承认对手的能力，为对手叫好

一位成功人士说："为竞争对手叫好，并不代表自己就是弱者。为对手叫好，非但不会损伤自尊心，还会收获友谊与合作。"同时，这也是一种心理策略，任何人都爱听赞美与肯定的话，我们承认对手的能力，有利于消除对手的戒备心，甚至有利于我们从对手那里获得经验而提升自己，在不断提升和完善自我之后，我们赢得对手就是必然。

2.放低身份，表现自己的良好修养

这一点，在与比自己身份低的竞争对手说话时尤为重要。偶尔说一说"我不明白""我不太清楚""我没有理解您的意思""请再说一遍"之类的话，会使对方觉得你有人情味，没有架子。相反，趾高气扬、高谈阔论、锋芒毕露、咄咄逼人，容易挫伤别人的自尊心，引起他人的反感，以致他人筑起防范的城墙，导致自己的被动。

总之，我们要讲究说话策略，与竞争对手说话，要放低自己，抬高对方来令其飘飘然，放松警惕，而这正可以为我们攒足实力、一举获得成功提供良好的时机！

常常自嘲打趣，令你赢得职场人气

在职场中人气如何，直接关系到一个人的升迁和职场命运。那些会说话、懂得打破沉默、能活跃办公室气氛的人往往更能赢得同事的好感，职场人气自然也高。而这些聪明的职场人一般都会借用自嘲这一心理策略。因为从心理学角度看，没有人会拒绝幽默带来的开怀一笑，幽默一直被人们称为只有聪明人才能驾驭的语言艺术，而自嘲又被称为幽默的最高境界。如果我们懂得自嘲，会使办公室的氛围很好，同事感到工作轻松、人际关系和睦，工作也有干劲，而最重要的是，我们的职场人气也会上升。

我们每个人工作谋生的集体就像一个大家庭，作为家庭成员的同事之间难免产生磕磕碰碰、误会、牢骚，也自然免不了时常遇到尴尬之事。在这种情况下，谁是谁非不是三言两语就可以说清楚的，要有耐心，不要逞一时口舌之快，伤了与同事的和气。大家同在一个屋檐下共事，低头不见抬头见，一旦撕破脸皮，以后要再进行交谈、沟通，虽非不可能，但也要颇费周折！这时，我们不妨采取幽默的语言，借取语言之衣，实取人情之利，何乐而不为？会说话的人不仅能在谈笑间使误解灰飞烟灭，达到自己的最初目的，而且能创造一个和谐的人际环境，以柔克刚。

幽默可以说是生活中最自然的品位，它不仅产生笑料，更是一种修养，一门知识。难以想象一个不懂幽默的人如何成为一个会说话的人，相反，会说话的人都少不了这样一种既简单又困难的风度——自嘲。任何一个成功运用语言达到与同事和解、回敬同事指责和批评的成功范例，或多或少都离不开自嘲的功劳。

心理点拨

那身处职场，我们该怎样利用这一心理策略呢？

1.敢于拿自己的短处"开涮"

自嘲是缺乏自信者不敢使用的技术，因为它要你自己"损"自己。也就是要拿自身的失误、不足甚至生理缺陷来"开涮"，对丑处、羞处不予遮掩、躲避，反而把它放大、夸张、剖析，然后巧妙地引申发挥、自圆其说，博得一笑。没有豁达、乐观、超脱、调侃的心态和胸怀，是无法做到的。可想而知，自以为是、斤斤计较、尖酸刻薄的人难以自嘲。

古代有个石学士，一次骑驴不慎摔到地上，一般人一定会不知所措，可这位石学士不慌不忙地站起来说："亏我是石学士，要是瓦的，还不摔成碎片？"一句妙语，说得在场的人哈哈大笑，自然这石学士也在笑声中免去了难堪。

2.自嘲不可针对任何人

的确，自嘲不伤害别人，最为安全。你可以用它来活跃谈话气氛，消除紧张；在尴尬中自找台阶，保住面子；在同事面前表现人情味；在特别情形下含沙射影，刺一刺无理取闹的小人。但我们要记住的是，自嘲不可有任何针对性。在同事间的交流与沟通中，舌头一定要多绕几个弯，切忌妄自尊大，出语伤人。

抗战胜利后,张大千从上海返回四川老家。出行前好友设宴为他饯行,并特邀梅兰芳等人作陪。宴会伊始,大家请张大千坐首座。张说:"梅先生是君子,应坐首座,我是小人,应陪末座。"梅兰芳和众人都不解其意。张大千解释说:"不是有句话'君子动口,小人动手'吗?梅先生唱戏是动口,我作画是动手,我理该请梅先生首座。"满堂来宾为之大笑,并请他俩并排坐首座。

张大千自嘲为小人,好似自贬,然而"醉翁之意不在酒"。这既表现了张大千的豁达胸怀,又营造了宽松和谐的交谈氛围。职场中,我们自嘲,也要注意说话分寸,展示自己的大度胸怀。

有主见的话可令你获得威信与支持

身处职场,我们在同事中的威信是由自己的言行树立起来的。有时候,我们与同事的谈话不是朋友之间聊天,如果与对方谈了一个小时都没有说出一句有主见的话,那这场交谈就是无效的。

心理点拨

那么,我们具体应该怎样说话呢?

1.注意态度,不可目中无人

要让同事另眼看待,我们就应该能够提出其他同事尚未发现的问题。言谈举止中要有个人魅力,处处起表率作用。而且要根据不同对象和不同环境使用自己的讲话技巧,切忌态度高傲、目中无人。

2.放低姿态处理与同事间的不同意见

一个没有主见、被人左右的人无法得到下属和同事的尊敬与服从。因此，我们在与同事交谈时，应摆出兼收并蓄、取长补短、互相切磋、求同存异的姿态。碰到情况不要忙于下结论，忙于批驳对方，而是要用姿态低调，但主导性很强的话说出自己的看法，比如："你的意见还是不错的，但是如果换一个角度看，会怎么样？""我的想法和你不同，我们可以交换一下意见吗？""嗯，让我考虑一下，我们可以明天再谈这个问题。"这样的话语不失威严而且易于被对方接受。

3.尽量最后表态

鉴于中国人有"重点置之于后"的心理，所以我们不能抢着说话，越是最后说话越有权威。

在与同事谈话时，应该让对方充分地把意见、态度都表明后，自己再说话。让对方先谈，这时主动权在我们这一边，可以从对方的说话中选择弱点追问下去，以帮助对方认识问题，之后再谈自己的看法，这样易于让对方接受。在对方讲话时先思考问题，最后决断，后发制人，更能让对方认可我们的说话能力从而信任我们。

4.注意表达方式

我们要想在同事中树立威信，除了要注意自己的态度和说话方式外，也需要注意表达方法。

（1）说话要言简意赅、长话短说。句子说得短一些，不仅说起来轻松，听起来省力，吸引力也强。

（2）说话一定要有条理，要吐字清晰，语速适当。在说话时要坚定而自信，力度要适中，注视着对方的眼睛，这样才显示出自己是充满自信和颇有能力的。如果讲话时眼睛不敢正视对方，会使同事觉得你意志薄弱，容易支配。

（3）要学会用幽默的风格讲话。幽默的话，易于记忆，又能给人以深刻印象。在工作场合，一般是不适宜开玩笑的，但是如果我们能够恰当地说几句玩笑话，恰恰说明我们的特殊地位和身份。

5.不要害怕承认错误

有些人不愿意承认自己的错误，为此花费了许多脑筋和时间，其实这都是没有必要的。一个人不可能总是正确的，如果有百分之六十是正确的，而他又能迅速改进其他百分之四十，那

他就是非常了不起的人，大多数人尊敬那些直截了当承认错误的人，这是大人物的特点。

　　因此，我们要想在同事中树立威信，让同事产生信任的心理，获得同事的支持，在说话的时候，就一定要讲究策略，用语言影响对方的心理！

巧妙反驳，让同事欣然接受

身处职场，我们天天要与同事打交道，每个人的个性、认识不同，对同一件事的看法和意见自然也不同。而很多时候，即使意见不一致，也绝不要和同事或者领导争得面红耳赤，就算你认为自己很有道理也不要这么做，因为那样对你没好处。那么，我们如何说话，才能正确地表达自己的不同意见，同时还能避免跟同事彻底翻脸，把话说到对方心里，让其欣然接受呢？

心理点拨

1.多听少说

当我们发现同事的意见或者方案不妥时，不要急于去争论或者发表不同意见，也不要插嘴。相反，你要鼓励同事把自己的想法完全并且充分地表达出来。他们希望你懂得倾听，同时也希望能够得到尊重。如果你总是很快地跟他们争论的话，你可能会听到"你还是没懂我说什么……让我解释给你听""不

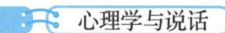

跟你说了"这样的话。

2.善用技巧

无论同事的观点正确与否，明智的做法是先肯定他。等到和同事站在同一条战线的时候，你再去指出不足之处，对方接受起来会容易得多。

有些职场老手容易"居功自傲"，很难看到自己的不足。而这些人的心理需求很简单，就是希望别人把他当作功臣来尊重和敬仰。由于这些人是在单位已经工作多年并取得一定成绩的老员工，直接反驳自然是不可取的，可以先满足他的自尊心，而后将之奉为榜样，在请教的过程中再提出自己的意见，高兴之余，他自然乐意接受。

第6章

面对下属，言简意赅树立领导权威

恩威并用，让下属深深信服你

作为职场中人，上司也需要与人打交道，尤其是与下属。毫无疑问，领导者的语言对维护领导者形象，树立领导者威信有着重要作用。以领导的身份说话不是随心所欲的交谈，而是一种很重要的沟通。不管是在什么场合，领导说出的话都要言之有物、言之成理，都要求领导能充分地表情达意。领导的话要有启发性，要能鼓舞下属。总的来说，上司要想获得下属的信服，说话时一定要恩威并用。因为领导与下属之间是一种权力等级差别的关系，只有恩威并用地说话，才能维持这种关系，也才能树立威信，从而获得下属的信任和支持。

心理点拨

上司如何用自己的语言来赢得威信，怎样在说话时做到恩威并用呢？

1.要给予下属积极的刺激与激励

优秀的领导应该尽量表扬下属的才干和成绩,要尽可能地把荣誉让给下级,经常肯定下属的进步和优异表现,遏制自己的虚荣心。这样下级就会为你尽心竭力,形成一种良性循环。

2.要表现得平易近人

这样有助于拉近你和下属之间的关系,培养一种归属感。

3.要表现出作为一个领导者的远大志向

这样会使下属觉得跟随着你去奋斗是很有前途的,才有信心跟随你、拥护你。

4.要彰显出作为一个领导者应有的霸气

每位领导都应该有属于自己的威慑力,这样才能使下属对你服从。这种霸气体现在语言风格上应该是典雅庄重的。

5.语言干脆，当机立断

领导者的威信可以在平时的说话中得以体现。对于自己权限范围内可以决定的事，要当机立断，明确"拍板"。如车间工人上班经常迟到早退，不听调配。对于这种违反纪律的行为就应果断决定"停止工作，待岗留用"。如果下属向领导请示某动员会议的布置及议程，领导认为没有问题，就可以用鼓励的委婉语调表达："知道了，你看着办就行了。"这种表述既给了下属支持与鼓励，也给了下属行动的权力。

我们都知道，得体的语言对于任何讲话者的形象都非常重要，对于领导而言更是如此。领导者以语言树立自己的威信，通俗说就是要使自己的话让下属相信并且信服。懂得以上这些心理策略，让下属信服，这样他们自然就会去支持你，这就是威信。只有具有了这种气质，才能卓有成效地指导工作。

说话以事实例证为依据，更有信服力

领导者拥有好口才固然重要，但说话办事切记要以理服人，而不是以权服人，或以权压人。以理服人就是摆事实，讲道理，让下属从领导者讲述的事实中领悟出道理，从而接受领导的建议，遵照领导的建议行事。领导者在劝导说理时要讲究以事实例证为依据，既不能讲空话、大话、套话，也不能像作报告那样"宽纵面，大纵深"，需要的是实实在在地论证说服。

在日常生活中，许多地方都离不开说服。例如，父母说服自己的子女学钢琴、学外语，老师说服学生要少看电视，干部说服群众遵守制度，店里的售货员说服顾客购买店里的东西，等等。说服别人转变原来的想法是有意义的，但也是不容易的。

领导者要想向下属证明自己的观点，就一定要学会用事实来说服下属。出言有据、论证有力、道理明白，对方的观点就会不攻自破。这个事实可能是一些数据，也可能是一些已经发生的事情，还可能是来自行业的一个标准等，千万不要轻视这些事实，因为只有事实才最具说服力，才能让人把抽象的事物具体化，才能使对方从事实中感受到领导者观点的可信度，从

第6章 面对下属，言简意赅树立领导权威

而彻彻底底地信服领导做出的决定。

在第二次世界大战中，有一位海军士兵被派到一艘油轮上执勤，跟他一同的还有他的一位战友。但是，当任务具体下达的时候，他们两人却表示不愿意接受这项任务。因为他们听说，在油轮上执勤，一旦油轮被敌军的鱼雷击中，大量汽油爆炸，顷刻之间就能把他们送上天，为此，他们感到十分恐慌。

下达命令的海军军官了解了他们的真实思想后，用了一些准确的统计数字来劝说他们。

> 被鱼雷击中的100艘油轮中，有60艘没有沉到海里去。而在真正沉下去的40艘油轮中，只有5艘是在不到5分钟的时间内沉下去的。所以船上的人有足够的时间逃生。

听到这样的数字依据，海军士兵们的恐慌一扫而光，于是，他们欣然接受了任务。

士兵们之所以最终能够接受任务，主要在于海军军官的

说理方式，他用实实在在的事实为证据，而不是简单地讲大道理，说空话或大话，才使得两位士兵信服。可见，用事实来支持观点，是一种最有力、最科学的说理方式，而准确的统计数字就更有权威性，能够让人深深地信服。

然而，现在企业中有很多的领导者在说服下属的时候，往往忽略以事实做依据或用事实说话，而是花很大精力向下属描述宏伟的蓝图，告诉他们将来能够获得多大的利益，又或者是赞美前景是多么的美好……但是，无论你讲得如何天花乱坠，给出的理由如何多，都不一定能够说服下属。原因很简单，他们没有得到准确的信息，听到的都是大话、套话，甚至是空话。这样没有实际价值的话，自然不会让下属信服。

俗话说得好："有理胜三分。"事实胜于雄辩，"用事实说话"是说服对方最犀利、最有效的方法。因此，用事实说话，是领导者说服下属时必须要掌握的方法。

那么在"用事实说话"时应该注意哪些问题呢？

1.道理要讲清

领导者"用事实说话"的前提就是自己先要明理。在说服下属时，要清楚地阐述事件的理论依据，这些理论依据必须是对方可以理解的理论。讲清的过程是逻辑思辨的过程。说理时，哪些先讲，哪些后讲，哪些重点讲，是理论的关键。这些是为了下一步的例证做准备。

2.用事实说明或举例说明

领导者要举出大量的实例来证明你所阐述的理论是有根据的，当然，这些例子越现实越好。

在选择事实的时候最好能有典型性，因为只有典型的事例才能反映出事物的本质和规律，才有证明意义。

选择的事例还必须真实可靠。一旦你采用的事例被对方识破，那么所有的事实都将成为被怀疑的对象，因此就会失去说服的力量。另外，领导者在举例的时候语言应该简明扼要，将道理说清、说明白，不能啰唆，更不要画蛇添足。

下属有怨气要用言语柔化

领导在分配工作任务或者利益时偏心、安排不当，或者对下属关心不够等都会让下属从心底产生不满情绪，这就是我们常说的怨气。这种怨气如果不能得到及时疏导，不仅会影响下属工作的积极性，还会让领导陷入被动。

因此，作为一名领导，在面对有怨气的下属时，一定不要置之不理、视而不见，而应主动找他们谈话沟通，用话语化解他们心中的怨气，调动他们工作的积极性。如果下属的抱怨是有一定道理的，领导应该给予重视；如果下属的牢骚话纯属一己私利，是在发泄个人怨气，领导者也不能充耳不闻，应该及时做好疏导说服工作。

心理点拨

那么当下属发牢骚时，领导者怎样说才更恰当呢？

1.要善于营造和谐的谈话氛围

在谈话之初，由于下属心里有怨气，情绪肯定不好，说起话来也难免会有"火药味"，神色也会如梅雨季节的天空一样阴暗。这个时候，首要的一点就是营造一个和谐的谈话氛围，让下属能够先平静自己的情绪，拂去脸上的阴云。要做到这一点，领导首先要把诚意写在脸上，用和蔼可亲的态度向对方嘘寒问暖，拉近与下属心理上的距离，这样下属才会把自己的心里话说出来，以便领导"对症下药"。否则，就很有可能短兵相接，不但无法达到谈话的目的，还会加深与下属之间的矛盾和隔阂。

2.情况不同，方法不同

由于每个下属所处的环境、个人的性格等不尽相同，他们产生怨气的原因也不相同。作为领导，应该根据情况分别处理，切不可所有的情况都用一种方法，这里介绍几种解决怨气的方法：

（1）冷处理。下属有怨气、发牢骚时，往往情绪比较激动，感性胜过理智，这个时候化解怨气最好的方法就是采用冷处理的策略，其实也就是一个缓兵之计，这样可以暂时缓冲矛盾，为自己了解真实情况赢得时间，从而寻找解决问题的方法。

（2）激将法。请将不如激将，对于一些明明不如别人，还不服气，"吃不着葡萄说葡萄酸"的下属，不妨运用激将法，有目的地去刺激对方，使他从自我压抑中解脱出来，化压力为

动力。

（3）辩证法。一些下属在看问题时立足点往往只是自身，缺乏全局观念，要化解他们的怨气，最好的方法就是帮助他们正确认识自己，正确对待别人，从而打开他们的心结。

总之，在化解下属怨气时，领导不要打官腔、说空话，而应说朴实之话，道肺腑之言，使下属切实领略到领导的开明，感受到单位的温暖。要真正给下属消气，不能仅仅一谈了之，还需实实在在地解决问题，还蒙受不公的下属一个公道。

与性格不同的下属谈话用不同的语气

作为一个领导,要时刻牢记批评是为了"治病救人",是为了帮助下属改正错误。另外,批评会使人有不同的反应,有人因此会努力奋进,有人会因此心灰意冷,所以,领导在批评下属时要尽量减少批评给人带来的副作用,减少人们对批评的抵触心理,从而达到理想的批评效果。

不同的人,由于年龄、性别、受教育程度、性格等方面的不同,接受批评的方式和态度也会不同。这就要求领导在对

下属进行批评时,不能对所有的人都是一种方式,有句老话叫"看人下菜碟",领导必须要根据被批评者的实际情况,采用不同的批评方式。

新员工比较容易不自信,因此要以鼓励为主,而"老油条"如果不给点颜色,他就会不当回事。

心理点拨

所以,领导在批评下属时要因人而异,择言而施,需谨慎,先考虑对方属何种类型,再决定如何批评。下面就是针对不同类型的下属应该采取的几种不同的批评方式:

1.不同年龄

同样的错误,对不同年龄人的批评方式是有差别的。对年长的人,一般应用商讨的口吻;对同龄人,就可以自由一些,毕竟彼此共同的地方多一些;对年少的下级,就可适当增加一些开导的语句,以使其印象深刻。

2.不同知识、阅历

批评下属时,必须根据其知识、阅历的差别而用不同的语言技巧。对受过高等教育,知识、阅历深的人,需要讲清道理,必要时只需蜻蜓点水,他便心领神会,切忌唠唠叨叨,说个没完;相反,对知识、阅历浅的人则必须讲清利害关系,因为他们看重的是结果如何；老同志不喜欢那些开放性的词句，五光十色的世界令他们目不暇接，往日的回忆或许可增加些许安慰；年轻人讨厌那些陈腐的说教和复杂的人际关系，他们需要理解，喜欢直来直去。可见，不同知识、不同阅历的人，他们在接受批评时的心理是有很大差别的。

3.不同个性、心理

个性、心理，是外延很宽的概念。这里主要指下级的气质、性格、对工作的兴趣和自我更正能力。上级批评和否定下级必须首先在心理上占上风，否则是不会成功的。

（1）个性坦率直爽、性格开朗，心理承受能力强的人。这种人知错就改，喜欢直来直去，不喜欢拐弯抹角。对于这种下属，你明确地指出其缺点和错误，他会更容易接受。相反，过多地绕圈子，反而会使他纳闷，产生误解，甚至是反感，认为这是你不信任他的表现。

（2）头脑聪明、反应敏捷，接受能力强的人。对这种人就采用提醒、暗示、含蓄的语言，将错误和缺点稍稍点破，他们便会顺着上司的思路，找到正确的答案和改正错误的办法。

（3）自尊心强，脸皮薄、爱面子的人。这种人应采用循序渐进式的批评，其特点是把要批评的问题分成若干层次、若干阶段来解决。通过逐步输出批评信息，有层次地进行批评，使犯有错误的下属有一个心理缓冲的余地，有一个认识提高的过程，从而一步步地走向你所期待的正确方面。

很多事实证明，在领导批评那些自尊心较强而又犯错误较多的下属时，采取循序渐进的方法，有利于取得批评的积极效果。相反，如果你一次性地把下属众多的缺点一股脑儿地倾泻出来，容易伤害下属的自尊心，使其产生逆反心理。

（4）性格内向、脾气暴躁、爱钻牛角尖或心情不愉快的人。对这种人用参照式批评比较合适。这种方式的特点是，在批评时，不直接涉及下属的要害问题，而是运用对比方式，通过建立参照物，来烘托出批评内容。

总之，不同类型的人要采取不同的批评方式。一般说来，一些下级对于改正错误、改进工作是有浓厚兴趣的，此时领导者的指导性批评无异于一支清醒剂，会使其加倍努力工作；相反，对那种缺乏工作兴趣的人，则需要多费口舌或激发其改进工作的兴趣；对于那些无视批评、屡教不改的人，在严厉批评的同时要采取一定的组织行政措施，以儆效尤。妙用刺激式的批评法，反而激励员工。

多理解，少否定，认真听

在日常交流中，有一些领导在听下属说话的时候，不等对方把对某件事的意见或看法说完，就急于否定对方的意见或看法，这是一种不尊重对方的无礼行为。

尊重对方是日常交流中的一项基本原则，而说话是思想的直接反映，尊重某个人的意见，也就如尊重他本人一样。但一些人为把自己的意见凸显出来，引起他人对自己谈话的重视，常常刻意地对他人的意见加以贬低、否定，结果引发了对方的不满和反抗，不仅自己的意见未得到重视，还因此遭到冷落和否定，给人留下了不好的印象。

一个会说话的人，在发表自己的意见时，常常会采取和他人相反的态度，他们会巧妙地从不同角度对已经发表出来的意见加以肯定和褒扬，甚至采取"补充发言"的方式表明自己的意见。这样，别人才会以积极、良好的心态倾听他们的高见，结果是既表达了自己的意见，又体现了自己的风度。

身为领导，在听取别人的意见时，不管对方的观点多么不合理，都不要急于否定对方。给予对方一定的时间和空间，让对方

把话说完，只有这样，你才能够了解对方心里到底在想些什么，才能从中获得一些有用的信息。

心理点拨

领导在听下属说话的时候，一定不要急着打断，要认真倾听，给予对方更多的理解，而做到这一点要遵守以下两个原则：

1.不要急于表态

有些领导在听取下属的意见时，往往着急表明自己的态度，或赞成或否定。其实，这对下属充分发表意见是很不利的。对赞成的意见表了态，其他下属如果有不同的意见可能就不谈了；对不赞成的意见表了态，发言者的情绪就会受到影响，不能充分说明自己的想法，甚至话讲到一半就草草结束。

因此，领导者在听取意见时，最好是多做启发，多提问题，不仅要让下属把全部意见毫不保留地谈出来，还要引导他提出事先没有考虑到的一些意见。

2.不要心不在焉

领导者听取意见时的态度，对下属的情绪有着很大的影响。如果态度认真、精神专注，下属会感到领导重视他的意见，从而毫无保留地把自己的想法讲出来。如果在听取意见时态度不专注，在听意见的过程中小动作不断，或者是插入一些与谈话内容不相干的问题，就会使下属感到领导对自己的意见并不重视，不是真心诚意地听取自己的意见，因此就会产生消极的情绪，再没有继续讲下去的欲望。

总之，领导在听取下属意见的时候，一定要做到态度认真、精神专注。在谈话之前最好能把其他事情都仔细地安排好，排除在谈话中会出现的一切干扰因素。

第7章

面对谈判，巧词让对方无力反击

言语直击内心，令人自发认同

在这个商业社会的信息时代，时时刻刻都面临着大大小小、各式各样的谈判。谈判，打的就是一场心理战。谈判中，临场反应很重要，我们要顺利实现自己的目标，就得掌握奥妙的人性心理，并通过语言成功操纵对方的心理。如果我们能把话说到对方的需求点上，那么，对方便会自发认同我们。

不是的，他是来给妻子买东西的，我就告诉他："你的周末算是毁了，干吗不去钓鱼呢？"

一个顾客仅仅来买个鱼钩，你就能卖给他这么多东西？

心理学与说话

只要我们把话说到对方的需求点上,让对方认同我们的观点,那么,给我们带来的利益也是无法估量的。这一点,同样适用于谈判过程。谈判双方,都有一个需求点,我们在谈判前,要先找出这个需求点,然后围绕这个需求点,把快乐说够,把痛苦说透,从两方面加以陈述,对方必会在心里接受我们的谈判建议。

心理点拨

我们需要从下面三个方面来述说这个需求点:

1.把痛苦说透

心理学家卡尼曼和特沃斯基发现,损失给人带来的心理冲击是同样数额的获利给人带来的心理冲击的2.5倍。怪不得人们要在本应削减损失的时候仍然苦苦坚持。

研究表明,如果购买的股票价格迅速上升,人们往往很快将其出手,锁定利润。然后,他们就可以向朋友吹嘘自己的判断力如何准确。然而,如果股票价格大跌,人们则趋向于继续持有股票,等待价格回升。结果,投资者卖出了应该继续持有的股票,而保留了应该出手的。

这就是人们害怕损失的心理在作怪。从这一现象中,我们可以获得一项谈判经验,那就是将对方不达成协议的痛苦说透。

例如，当我们走在沙漠的时候，如果水用完了，太阳又非常毒辣，你的嘴巴快要冒烟了，这个时候有人过来卖水，哪怕矿泉水是一千元一瓶，我们也会花钱买下，因为，那不仅仅是一瓶水，而是救命的东西，它的价值远远超过一千元。

再如，谈判的内容通常牵连甚广，不是单纯的1项或2项。在有些大型的谈判中，最高纪录的议题多达70项。当谈判内容包含多项主题时，可能有某些项目已谈出结果，而某些项目却始终无法达成协议。这时候，你可以反向"鼓励"对方："看，许多问题都已解决，现在就剩这些了。如果不一并解决的话，那不就太可惜了吗？"这就是一种用来打开谈判僵局的说法，它看起来虽稀松平常，实则能发挥莫大的效用，所以值得作为谈判的利器广泛使用。

2.把快乐说够

例如，客户要购买一批产品，但总是在利益上不愿意让步。那么，我们应抛开利益点，把对方购买产品后的利益说透，让对方感觉物有所值。因为双方的利益是既定的，那么，我们就要做好分配工作。让对方在最少的利益点上获得最高的快乐情绪体验。这就好似一张饼，你得到的多我就得到的少，你得到的少我就得到的多。我们就是要让对方心甘情愿地让我们得到更多，此时，我们可以把对方注意力转到其他地方，让其乐不可支，从而为我们拿到更多的利益提供契机。

3.适当让步

知道何时该退出交易,显示了交易者是聪明还是愚蠢。喜剧演员菲尔兹说得好:"如果开头失利,还需继续努力。如果还不成功,就放弃,没必要在一棵树上吊死。"然而,很多谈判者往往会忘记菲尔兹的建议,固执地坚持到底,这样做的后果无非是失去谈判的机会,损失利益。

当然,我们在让步前,要做好"坚持"工作,并对对方说:"恐怕我做出的让步,会让我的领导大发雷霆。"这样,会让对方觉得你做出让步是个艰难的决定,他也会觉得自己占了很大的便宜。

总之,我们在谈判的时候,一定要抓住对方的心理,也可以概括成:追求快乐,逃避痛苦。这是人的本性。抓住这一心理说话,我们要做的工作就只有一个:把好处说够,把痛苦说透,帮对方建立一种意愿,让其在心里认同我们,那我们的谈判工作离成功也就不远了。

说点"情"话，打动对方

有人说，谈判桌上永远是虚虚实实、真真假假，信息的掌握也各有不同，无论是谈判的哪一方，都希望用尽各种办法让对方相信自己更有优势。最常使用并且效果最佳的方法就是给对方施加压力，例如，他们会拿竞争对手来压你，他们会在事前对竞争者进行充分的调查，谈判时突然拿出数十张数据资料使你信以为真并让你接受谈判条件。

但事实上，无论是何种谈判，"用刑"不如"用情"，用感情说话，会更容易打动对方，让对方臣服于我们的真情实意，谈判自然会有利于我们。因为人都是感情的动物，谈判中也会"感情用事"，即使谈判涉及利益问题，对方也可能会因为"情"而做出"有失偏颇"的决定。

那么，我们该怎样用"情"说话，以此来掌控谈判对方的心理呢？

1.考虑对方的利益，从对方的角度说话

事实上，谈判中，双方在沟通的过程中都有自己的立场，若别人说话的立场和自己的不同，自然就会产生抗拒心理。聪明的谈判者应该学会和客户站到同一个立场上，并从对方的角度出发去思考问题。

> 您看这套家具的尺寸，放在您家里会不会让剩余的空间显得太狭窄了？我建议您选那套尺寸小点的家具。

2.让信息流动起来

麦肯锡的一条著名原则是"让信息流动起来"，谈判中沟通的重要性可见一斑。有人说，谈判中谁掌握的信息多，谁就掌握了谈判的主动权。此话不假，如果我们能多和对方沟通，让信息流动起来，那么，便会减少很多不必要的误解。

一位知名的谈判专家分享他成功的谈判经验时说："我

在各个国际商谈场合中，时常会以'我觉得'（说出自己的感受）、'我希望'（说出自己的要求或期望）为开端，结果常会令人极为满意。"

其实，这种行为就是直言不讳地告诉对方我们的要求与感受，将会显示出我们的真诚，用真诚换真诚，这是最佳的谈判结果。但同时我们要切记"三不谈"：时间不恰当不谈，气氛不恰当不谈，对象不恰当不谈。

3.说话要有耐心

无论多么简单的交易，我们都要充满耐心，即使是一个很小的环节。人们经常因为没有仔细思考自己的先入之见，或者未考虑清楚交易的原因，而身陷糟糕的交易中。心理学家把这种急切的心态称为"确认陷阱"——他们没有去寻找支持自己想法的证据，同时又忽视了那些能证明相反意见的证据。

而从谈判对方的角度看，我们在谈判中，说话越是有耐心，他们越是能看出我们的素质和修养，自然愿意与我们合作。

4.多询问对方的意见和想法

询问与倾听的行为，是用来控制自己，让自己不要为了维护权力而侵犯他人。尤其是在对方行为退缩、默不作声或欲言又止的时候，可用询问的方式引出对方真正的想法，了解对方的立场以及对方的需求、愿望、意见与感受，并且运用积极倾听的方式，来诱导对方发表意见，进而对自己产生好感。一位优秀的沟通好手，绝对善于询问以及积极倾听他人的意见与感受。

总之，谈判中，用"情"说话，让对方心服口服，比用尽心机让对方屈服的效果要好得多！这也是我们要掌握的重要谈判策略之一！

言语示弱，令对方放松警惕

同情弱者是人性天生的弱点，再铁石心肠的人，内心也有颗同情的种子。现代社会中，谈判无处不存在。在谈判过程中，我们也可以抓住人们这一共性心理，在言语上适当示弱，当对方放松警惕时，再提出我们的要求，完成谈判目的也就容易得多。

当我们谈判时，应该调动听者的同情心，使对方首先从感情上与你靠近，产生共鸣。这就为你问题的解决与事情的办成打下了基础。人心都是肉长的，只要我们能适度示弱，对方是会动心的。

心理点拨

那么，谈判中，我们该怎样用语言示弱，从而博得对方的同情呢？

1.扬人之长，揭己所短

这一心理策略的目的是使交易重心不偏不倚，或使对方获得一种心理上的满足，从而达到目的。

同样，在谈判中，如果我们坚守自己的立场，不肯示弱的话，估计迎来的不是谈判的僵局就是以失败告终的结局。

2.硬话软说，不卑不亢

其实，在这里，我们所说的示弱并不是真的示弱，也并不是非得以眼泪才能博得对方的同情，只不过是通过一种说话的技巧，以达到谈判目的。在生活中，我们常常会听老人们这样说："软刀子更扎人！"也就是说，我们在谈判过程中，要硬话软说，同时，我们的态度要不卑不亢。

总之，谈判中，我们说话不可太强硬，要想让谈判结果朝着我们希望的方向发展，就需要学会适当示弱，激起对方的同情心，令其放松警惕，此时，我们就掌握了谈判中的主动权，谈判自然水到渠成！

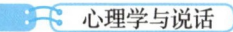

语言的"高压政策",使对方心悦诚服

我们深知,谈判过程中有一项重要的心理策略,那就是以情动人,谈判者可以用温柔的情意去温暖对方冰冷的心,用甜蜜的语言去化解对方的怒气。而与之相对的还有一种心理策略——高压政策,也就是要求我们在谈判时,说些"硬"话,给对手施加心理压力,从而影响谈判对手的心理状态和立场观点,比用强有力的武力解决问题的效果还好。

心理点拨

那么,在谈判桌上,我们在说话的时候,该怎样运用高压政策,并把话说"硬"呢?其有三个原则:

1.削弱对方的原则

要达到这个目的,必须操纵对方,使己方改劣势为优势。

2.经常抵抗或反对对方的原则

这是在不使谈判破裂的情况之下,通过对对方吹毛求疵或

反对对方的意见,给对方以压力,迫使对方降低期望,以达到使对方让步的目的。

3.创造一种竞争的姿态

比如:"这种订单我们已经接到好几份了,他们都希望与我们的合作。"这种货比三家通常就是买方向卖方施加压力的有力措施。

总之,一名谈判高手,尤其在快达成协议时,不应该一味地去迁就对方,使自己处于一种心理上的弱势地位。而应适时说些"硬"话,使对手屈服,从而控制局面,让局面对自己有利。

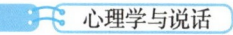

迂回的言语，使其心里焦急露出破绽

　　无论是商业还是政治抑或是其他活动，都离不开谈判，通过谈判而达成一致意见，签订协议并认真履行能使双方获益。而谈判行为是一项很复杂的交际行为，它伴随着谈判者的言语行动、行为互动和心理互动等多方面的、多维度的错综交往。谈判过程中，能否成功识别出对方的现实动机和长远目的、对方派出人员的权限乃至其心理状态、个性特征等，在很大程度上影响着谈判的成败。

　　美国谈判学会主席、谈判专家尼尔伦伯格说，谈判是一个"合作的利己主义"的过程。为了寻求合作的结果，双方必须按一个互相均能接受的规则行事，这就要求谈判者以真实身份出现在谈判的第一环节，去赢得对方的信任，继而把谈判活动完成下去。但是由于谈判行为本身所具有的利己性、复杂性，加之游戏允许的手段性，谈判者又很可能以假身份掩护自己、迷惑对手，取得胜利，这就使得本来就很复杂的行为变得更加真真假假，难以识别。同时，谈判中，对方说的每一句话对于我们来说，都可能是一个"套儿"。从这个角度看，我们只有

第7章 面对谈判，巧词让对方无力反击

懂得从对方的心理角度出发，在陷阱面前懂得迂回说话，才能操纵对方心理，并反败为胜，取得谈判的主动权。

我们在谈判中处于劣势时，要沉着镇静，根据不同的情况构思不同的反击策略，在说话时不要撞在对方的枪口上，而应该用迂回的语言，保护自己的利益，取得谈判的胜利。

一场谈判如同一次战斗，要了解那么多的材料，并进行综合分析、推理、决策，大家都没长前后眼，不能未卜先知，我们一不小心就会陷入对方设定的陷阱中，因此，掌握对方心理，巧妙反击就很重要。

一般来说，我们了解到了对方的心理优势或者心机后，就要避其锋芒，当对方发现自己的优势并没有起到作用后，就会显得焦急，此时，谈判的主动权就会立刻转交到我们手里。

心理点拨

那么，我们该怎样说话才能让对方产生焦急的心理呢？

1. 拖延术

因为谈判结束的时间被称为"死线"，一般情况下，谈判者都要保密自己的最后期限和"死线"，因此在谈判中，往往会出现这种情况，双方都希望摸到对方在谈判中的"死线"，以争取主动权；与此同时，都对"死线"严格进行保密。

在针对谈判"死线"的时候，谈判者常常采用欲擒故纵的拖延技巧，但在运用这种技巧的时候，要注意以下几点：

（1）每一次拖延不能拖死对方，要给对方一个回旋的余地。例如，在改变与对方的谈判日程时可说，"因为还有别的重要会见"，在神秘中仍给对方一个延后的机会，待到对方等到这个机会时，会增加一种珍惜感。

（2）在拖延的时候，要注意考虑自己手中一定要有几个有利的条件能重新把对方吸引回来，不能使自己的地位僵化，否则，一"拖"即逝，无力再拉回对方。

（3）在采取拖延技巧的时候，一定要注意自己的言论，说话要委婉，避免从情感上伤害对方以造成矛盾焦点的转移。

2.补救术

这种说话策略是补救我们已经陷入对方陷阱的措施。如对方诱导你承认了他们的报价,你失口认可了对方的报价,如果发觉得及时,可马上纠正——"当然,这个价格尚未计入关税税额",如果发觉得较迟,你可通过助手补充纠正,"请注意,刚才张先生所允诺的价格,是以去年底的不变价计算的,因此,还需要把今年头八个月的涨价比率加上去。"当对方听到你已经巧妙绕开了陷阱后,会立即乱了方寸,这时,便是我们展开进攻的时机了。

总之,谈判是富有竞争性的合作,虽然不是战争,不是你死我活,你输我赢,但是谈判也绝不是找朋友,能推心置腹。谈判虽然遵循互利互惠的原则,但双方皆赢的利益结果很难对等。在这种双方都希望争取最大利益的心理游戏中,允许双方施展谋略,寻获更多利益。这是规则。在谈判中声东击西,迂回式说话也是自我保护、扰乱对方方寸的心理战术,更是谈判高手惯用的技巧!

第8章

面对朋友，巧打圆场赢人气

巧言化解尴尬，智语打破冷场

说话需要多用脑子，谨慎言语，话多无益。说话者不要只顾着一时痛快、信口开河，以为听众微笑就是表示对你的肯定，你就没完没了地将一些本来不应该说的话都说了出来，结果触碰了言语上的禁区。对于自己都还没弄清楚的事情，最好不要当众说出来，尤其是那些捕风捉影的话，还有那些隐私的话，否则最后遭殃的只能是你自己。不过，在日常交际中，有时难免会因为说得太兴奋而忘记了避开某些言语禁区，于是一时间那嘴巴就好像是决堤的洪水，一个劲儿地说些乱七八糟的

话，如此自然会惹得在场某些人的厌恶，面对如此场景，我们该怎么办呢？这时最好的办法就是及时挽救，而不是让这个尴尬情况继续，甚至给自己带来麻烦。

心理点拨

假如我们在日常交际中产生了言语尴尬，该如何化解呢？

1.正话反说

说话者可以利用情境的参与，正话反说，摆脱尴尬。正话反说相当于修辞格中的反语，是用相反的词语表达本意，使反语和本意之间形成交叉。

在语言交叉技巧中，反语以语义的相互对立为前提，依靠具体语言环境的正反两种语义的联系，把相反的双重意义以辅助性手段如语言符号和语调等表示出来，使听者由字面的含义悟及其反面的本意，从而发出会心的微笑。

2.利用歧义

你也可以利用特定的场景，造成情境歧义。有时一个词语存在着不同的含义，这时候你可以巧妙地运用语言的多义，再加上具体的场景，造成歧义的效果。让听者搞不清楚你所需要表达的到底是哪种意思，他自然也就不会将那些触碰言语禁区的话放在心里了。

再直白的人也要学会婉转说话

在生活中，既需要直言，也需要委婉的语言，如此才能相得益彰。直言不讳，自有直言不讳的好处。在生活中，许多话一时半会儿说不清楚，若再绕来绕去，不仅浪费时间，而且会惹得对方不快，这时，不妨直言相告，这既是一份坦诚，又减少了语言沟通中的障碍。婉转之语，亦有含蓄的美感。所谓"曲径通幽处"，把话说得委婉，既能给对方面子，又能很好地传达自己的意思，这何尝不是一举两得呢？对我们来说，要想提高自己的语言修养，就应该学会使用直言和婉转之语，该直言时则直言，该婉转时则婉转。如此，你才能清楚地表达自己的思想，而对方也才能了解其中的真意。

很多时候，许多话需要摆明了说，如果你总是"七绕八绕"，那么，给人的感觉永远是"雾里看花、水中望月"。你所说的话，对方并没有明白，虽然你自己明白，可别人却是糊涂的，这无疑为你们的继续交流带来了阻碍。甚至，很有可能你把话说得太隐晦，让对方误解了你的意思，导致了双方想法的不一致。所以，在生活中，该直言不讳的时候就需要坦然相

你很优秀，而我不过是一个普通的银行职员，我觉得你应该找比我更优秀的女孩。

告，不宜做模糊的语言表达。

如果对方是你喜欢的人，你永远都会觉得他很顺眼；如果对方是你不喜欢的人，你永远都不想正眼瞧他。但是，他喜欢你是没有错的，如果你不想接受对方的爱意，就要学会直接拒绝，以免最后伤人伤己。

有的女人在对待这种问题的时候，态度是模棱两可的，她们想拒绝，又很享受对方的关心。于是，通常她们在说拒绝的时候，语言表达都是含蓄的、模糊的，或许是害怕失去对方，或许是担心伤害到对方。到最后，他们之间的关系就变得暧昧起来，她既不喜欢他，又不直接拒绝，结果，男人都不明白自己在这段关系中到底扮演了什么角色，或者，他会对她一直抱有希望，直到她直接拒绝的那一天。

传说汉武帝晚年时很希望自己长生不老，一天，他对侍臣说："相书上说，一个人鼻子下面的人中越长，命就越长；人中长一寸，能活百岁。不知是真是假？"侍臣东方朔听了这话后，知道皇上又在做长生不老梦了，皇上见东方朔似有讥讽之意，面露不悦之色，喝道："你怎么敢笑话我？"东方朔脱下帽子，恭恭敬敬地回答："我怎么敢笑话皇上呢？我是在笑彭祖的脸太难看了。"汉武帝问："你为什么笑彭祖呢？"东方朔说："据说彭祖活了800岁，如果真像皇上刚才说的，人中就有八寸长，那么，他的脸不是有丈把长吧？"汉武帝听了，也哈哈大笑。

东方朔如此婉转含蓄的批评，令汉武帝愉快地接受了，最终没有为难他。有时候，我们需要向对方表达一些不好的意思，如请求、批评等，这些话不容易说出口，而且，一旦这些话说得不好，不仅会得罪人，而且会为自己招麻烦。这时候，我们可以灵活运用语言的多样化特点，这样婉转的语言表达即使被斤斤计较的人听见了，也不会为难我们的。

古人云："言有尽而意无穷，余意尽在不言中。"在日常交际中，我们把那些重要的、该说的部分故意隐藏起来，或者故意说得不明显，去让对方明白自己想表达的思想感情，这就是婉转表达。婉转的表达方式，极具语言吸引力和感染力。说话婉转含蓄，不仅仅是一种语言表达艺术，而且是一种语言风格，它直接体现了一个人驾驭语言的能力。在日常生活中，有许多话语不便直说，或者不必直说，这时候就需要借助于婉转的表达方式，如批评别人的时候。

心理点拨

我们应该如何具体掌握这两种方式呢?

1.拒绝的话不应模糊不清

有的女性面对异性追求的时候,容易搞暧昧,因为她所表达的拒绝模糊不清。当面对不喜欢的异性时,应直接拒绝,不要担心会伤害到对方,所谓"长痛不如短痛",毕竟,暧昧的游戏你玩不起。

2.学会含蓄说话

在交际中,当我们很想表达一种内心愿望,却又难以启齿的时候,不妨使用婉转含蓄的表达方式,它有时候会比口若悬河更容易达到我们的目的,效果令人满意。坚实的土地上裸露的岩石,有一种直率的美;而青纱薄雾中朦胧的黄昏,却有一种婉转的美。婉转有时候能帮助我们避免尴尬,巧妙地运用婉转的语言,看起来似乎轻描淡写,实际上却说出了问题的关键所在。

言多必失，有时沉默是金

有的人说话不顾及场合，在公共场所也滔滔不绝。殊不知，很多时候就会使自己陷入"言多必失"的境地，有可能在某些时候还会为自己带来一些不必要的麻烦。我们常说"言多必失"，意思就是说如果一个人总是滔滔不绝地讲话，说的多了，话里自然会暴露出很多问题。"言多必失，祸从口出"，特别是在人多的场合，一旦失言，你的话就可能伤害到某个人，这会为你招惹不少祸端。在生活和工作中，你的一言一行都关系着个人的成败荣辱，所以言行一定要谨慎。如果你平时是一个话比较多的人，那么一定要把自己的"嘴"管好，牢记"言多必失"。

如果你不想无端为自己引来祸事，那么就要把"三缄其口"作为自己处世的座右铭。往往聪明的人，说话就很会把握分寸，他们不管在什么场合都表现得落落大方。他们在该说话的时候，说得很充分，不该说的时候，一句话也不会多说。特别是在有些场合，他们知道哪些话该说，哪些话不该说，他们一定会严把自己的"嘴"关，所以他们在交际中总是如鱼得水。千万不要小看你的那张"嘴",如果在一些场合说一些不该说的话,有时候还会为你招来"杀身之祸",所以,说话谨慎为妙。

要切记,有一句话叫"覆水难收",自己说出口的话是收不回来的。所以为了防止"祸从口出",你就应该随时管好自己的"嘴",对于自己说的每一句话都要仔细斟酌,要多为自己长个心眼,不要说错话,说漏嘴。有的时候,祸事往往是由于误会产生的,说者无意听者有心,有可能你无意中说的一句闲话就会引发很严重的误会。

心理点拨

不管在任何场合和地方,面对任何话题,我们都要做到说话有分寸。言多必失，一定要严把自己的"嘴"关，要时刻注意几点：

（1）在公共场合切忌谈论别人的隐私和错处。

（2）不要说伤害他人自尊的话。

（3）无论在什么场合，都要注意选择适应该场合的说话形式。

话不说满,给自己留条后路

俗话说:"人情留一线,日后好见面。"很多事情都是一样的,说话也一样,最好是为自己留一些余地,否则日后定会后悔莫及。"狡兔也有三窟",更何况是我们人。所以,说话要适当,不要把话说得太绝,给对方一个台阶下,也给自己留一条后路,这样,你才会在交际中获得好人缘。

在日常交际中,说话也是一样的,不能一句话就把别人噎死了,要学会在适当的时候,给别人一个台阶下。退一步

海阔天空，有时退一步不仅对别人有利，对自己也是极为有利的。现代社会，人情交往很重要，社会日新月异，而人情世事的变化速度更快。俗话说："三十年河东，三十年河西。"谁能知道自己以后会是什么样子呢？估计等不到三年，人们就会出现此消彼长的变化。由于生活和工作的需要，有些人和我们更是"低头不见抬头见"。如果你当初把话说得太绝、太满，现在一旦发生了不利于自己的变化，就很难有回旋的余地了。

每个人都有自己的看法和想法，当遇到意见不合的时候，你最起码要做到在众人面前给对方足够的尊重。无论别人说话对与否，都不要当着很多人的面就开始反驳，你可以选择私下找个机会，把你的意见告诉对方。这样，你既为对方维护了自尊，保留了颜面，让他对你心存感激，又可以趁机加深你们两人的感情。

有一次，贾母等人在一起猜拳行令，黛玉无意中说出了几句《西厢记》和《牡丹亭》中的艳词。这两个剧本在当时都被列为禁书，黛玉这样的名门闺秀怎么能读禁书？这样会被指责为大逆不道。幸好在座的人没有谁听出来，但此事瞒不过宝钗，宝钗没有意气用事，当面揭穿黛玉，而是选择了一言不发。

事后，宝钗避开他人叫住黛玉，冷笑道："好个千金小姐，好个尚未出阁的女孩儿！满嘴说的是什么？"黛玉求饶："好姐姐，你别说与别人，我以后再也不说了。"宝钗见她满脸羞红，不再往下追问。这让黛玉充满感激，宝钗还设身处地、循循善诱地开导黛玉在这些地方要谨慎一些才好，以免授人以柄。

宝钗无疑是人际交往中的佼佼者，她知道黛玉对她有嫉妒之心，所以为了增进两人的感情，她并没有当着众人的面给黛玉难堪，而是私下里找黛玉说，她这样就给黛玉留了一些余地。所以自那以后，黛玉对她印象大有改观，并且和她成了朋友。在日常生活中也是一样，我们要设身处地为对方着想，有时给对方一个台阶，就会赢得对方的好感，甚至是友谊。

心理点拨

说话要适当，才能更好地处理人际关系。

1.话不可说满

我们在朋友、亲人、同事，甚至是陌生人面前说话，都要适当，不要把话说得太满。如果把一个杯子倒满了水，再滴进一滴水，就会溢出来。说话跟倒水是一个道理，如果你把话说得太满了，会让他人对你产生嫉恨，而你也会陷入窘迫的处境。

2.少说狠话、绝话

生活中，也许我们会跟一些人产生矛盾，这时候，也不要口出恶言，更不要说出"情断义绝""势不两立"这样过激的话。不管谁对谁错，自己最好闭口不言，以便他日狭路相逢，还能有个说话的"面子"。我们要学会少对人说绝话，多给人留余地，这样做不仅仅是为对方考虑，也是为自己考虑，这是对彼此双方都有益的。

第9章

面对恋人，巧言善语赢得真心

表达最真实的爱,给对方安全感

语言是一门艺术,恋爱中语言的作用更为明显。如果我们懂得表达,可以使彼此感情升温更快,使彼此的心可以拉得更近;但是如果男女其中的一位语言使用得不当,就会造成彼此感情的疏远。

现代生活中,人们的示爱行为越来越由暗示性的行为趋向直接的亲昵动作,而且男女的个性差异在一部分开放的女孩中似乎正在消失。据心理学家分析,爱情的来临使人带有比平时更强的非理性化。人的行为中,动作的沟通往往比语言还快。这也使得人们对理想概念中的爱情产生了一种质疑。而事实上,人们更倾心于爱的传统表达方式——语言。

恋爱中,双方关系能否取得突破,很多时候,要看我们如何表达爱。也有很多时候,在与爱情的遭遇战中,我们不是输在"不爱",而是输在不知道"如何表达爱"。

生活中,我们发现有这样的情话对白:

"你爱我吗?"

对方的回答一般是:"爱。"

而接着,这个发问的人会继续追问:"那爱我哪里?"

"哪里都爱。"

这个回答似乎合情合理,但实际上,对方会有一种被敷衍的感觉。有些人会说,爱一个人是没有理由的,实际上则不然,爱一个人会留心观察对方的每一个细节,至于那些"爱我哪里"的问题,如果你回答:"我最爱你的眼睛,每当我们在一起的时候,我会注意你的眼睛,当你睫毛颤动的时候,我的心也随之跳动。"或者:"我爱你身上那股忧郁的气质,当初,就是这股气质吸引了我,让我不可自拔地爱上你。"相信这样的回答,定能使对方心里充满安全感。可见,爱表达得越真实,越细腻,也就越能给对方信任,对方也就越有安全感。

心理点拨

那么,恋爱中的男女,该怎样把爱表达得更真实呢?

1.坦率表达

这种表达爱的方式十分简明、直率,不虚伪造作,大胆且毫无保留地向对方倾吐自己的感情,属于一种单刀直入、直接挑明的方式。这种表达爱的方式固然直接,却显得真实、可爱。

一般而言,对性情直率、喜欢开门见山的人宜用此法。

显然,对于几经磨难或交往比较深,有一定感情基础,或两个人已经暗地互相倾慕,只需"捅破那层纸"的双方来说,坦率地直抒胸臆表达爱情不但省力,而且也别有一番风味,电影《锦上添花》里的铁英,在对段志高表示情意时,一点也不拐弯抹角:"痛痛快快地说吧,你喜欢不喜欢我们这个地方,喜欢不喜欢我们这儿的人,喜欢不喜欢我?我就喜欢你!"

2.悬念告知

当感情发展到一定程度,就应该抓住时机,向你的心上人表达爱意,恋人为了避免直露的生硬,常常巧妙地动用智能的机敏,使得表达爱的方式新颖、别致、真实。

马克思年轻的时候向燕妮表白爱情,就是一个成功的典范。在一次约会中,马克思显得满脸愁云,他说:"燕妮,我已经爱上了一个姑娘,我从心底里爱她!这里还有她的照片,

你愿意看吗？"说着递给燕妮一个精致的小木匣。燕妮接过后，用颤抖的手打开，她立刻惊呆了。原来里面放着一面镜子，"照片"就是她自己。即刻，一股热流涌上心头，沉浸在幸福和甜蜜之中的燕妮猛扑向马克思的怀抱。

这样，马克思既作了聪明的试探，制造紧张气氛，让深爱着他的燕妮在惊讶中误以为他另有所爱，在这过程中他察觉到燕妮的痛楚、失落的表情，又及时诱导她揭开悬念，原来匣子中的照片就是她自己，马克思明确地表达了爱意。事后，这位最富有牺牲精神的夫人每当回忆这件事时，便会产生甜美而富有想象趣味的情思。

这就是制造悬念求爱法：先制造一个悬念，有意让对方产生一个误解：已爱上别人。给对方造成一种欲爱不成、欲割难舍的状态，"引诱"对方一步步"上当"，然后，突然使对方恍然大悟，实现爱的转折，出现先惊后喜的心理效果。

3.借物暗示

心中有情而欲结良缘，又怕对方不答应，可以采用暗示法，这样，既不必担心开罪对方，又可以达到知其心意的效果。

小伙俊与姑娘兰互有好感，俊性格外向，兰内秀少言。俊虽已感到兰有意于自己，但又见兰常沉默无语，有时他说一些开心的事，兰仅淡然一笑，弄得俊心里直犯嘀咕。一次，月上柳梢头，他们人约黄昏后。俊欲探兰的心里到底有何想法，便对兰说："我有一枝红玫瑰，不知该送给谁。"兰望着圆月，有些心不在焉地说："你爱送谁是你的自由。"俊见状，觉得兰似有拒绝之意，便说："我想送给一个人，但又怕人家不赏脸。"兰说："也不一定，你可以试一试。"俊见有希望，便说："我怕一试，人家不要，我会很伤心。我有预感，人家对我不满意。"兰说："也许人家满意而你没有勇气。""那我就把玫瑰送给你，你愿意接受吗？"兰见状，微笑着说："那要看你心诚不诚。"至此，俊完全明白了兰已接受了他的爱，高兴得跳起来。

俊用"送你一支红玫瑰"这种借物暗示法，避开了话锋，在试探中测出了兰对他的爱，这一席对话，可谓步步深入，凭借玫瑰，运用暗示语，撩开了爱情的面纱，在含蓄中品尝着爱情的果实，那甜美的滋味浸润着心田。

总之，我们在用语言表达爱的时候，表达方式越特别，越真实，越能给对方心理上的安全感，我们的爱情也就越有保障！

"醋话"暗示爱意，表明心意

有些人想证明自己和情人爱得有多深，就会仿效某些模范夫妻，抓紧每个当众表现亲热的机会，来表现情人有多爱自己；也有些人选择反证，借刺激对方的醋意，来衡量爱情的深度——对方越容易为自己吃醋，便表示对方越爱自己。后一方法人们屡试不爽。可见，我们要想向对方表明爱意，也可以说些暗示的"醋话"。

对于那些恋爱中的男女来说，都有这样的心理，那就是一旦存在了竞争者或者情感的威胁者，他们就会立即采取措施，言语反击就是一个重要方面。比如在生活中，很多男孩会对自己心爱的女孩说："为什么你身边总是有一些怀有不良动机的人呢？我会替你赶走他们的。"乍看，这句话似乎很平常，但实际上，则是这位男孩的"醋话"，聪明的女孩儿一般都能听出个中含义，而后这位女孩也会做出回应。如果她也喜欢这个男孩，在听到这些话后，自然会和其他男孩保持距离；而如果她对男孩并不在意，只会一笑了之。

在我国，青年男女热恋，一般较少像西方国家那样，十分明确地告诉对方"我爱你"。这种方法虽直截了当,然而由于戳破了那层纸,即刻便因失去了神秘感而索然无味。因而,示爱的方法多采用话不挑明,让对方在焦急中意会。而说"醋话"进行暗示,也成了人们挑破关系的一个重要方法。

秋燕与栓宝热恋时对他说:"我想给你找个做饭的。"栓保说:"她长个啥模样?"秋燕说:"她的模样长得和我一个样。"栓保问:"那她叫个啥嘛?"秋燕红着脸:"她的名字……名字……我先不告诉你。"栓保说:"反正到了那一天……"秋燕说:"那一天到底是哪一天嘛?"栓保说:"那一天就是那一天。"

这种示爱方式正是利用醋意来达到目的的,也的确十分特别。秋燕故意扮作媒人,以红娘的身份作掩护,于是,她便能较自由地透露自己的心迹,又避免了樱桃好吃口难开的羞涩。

实际给对方留下了悬念，让栓宝意会其情。而正因为秋燕运用了悬想意会之言语，才使得他们在恍惚迷离中沉浸于一种神秘而又甘甜的意趣中。如果一语道破，反倒会产生一种失落感。

的确，恋爱中，恋爱双方谁也不愿最先捅破那层纸，痛快淋漓地表露心迹。有许多本可成为美满姻缘的恋人，往往会在这种僵持中丧失勇气，丢掉了大好时机。而这种暗示的方法则成了人们避免羞怯的一个好选择。

心理点拨

那么，我们如何利用这一心理策略向对方暗示爱意呢？

1.因人而异，注意"醋话"的度

曾经有人这样说：每个人都是一个独立的容器，容器的体积有别，容量自然不同。当一个小茶杯碰上一个大水杯，即使小茶杯已倾尽所能，但所装水量也不如大水杯多。只有两个体积相似的容器遇上，才能各得其所。也就是说，不是每一个人都愿意接受你的"醋话"暗示，当然，这需要我们自己把握。

如果你们这段时间关系紧张，你过重的醋话，可能会导致对方自信不足，也可能让其成了惊弓之鸟……

2.因时而异，别让对方会错意

也就是说，针对双方感情的深浅，对于这种"醋话"的暗示，也是有要求的。如果彼此关系不深，我们应该注意调节"个体空间"距离，不要说些"醋意"很浓的话，不然就会引起对方的反感，特别是女方，会给人以轻浮之感。男方如这样，则又会被对方看作纨绔子弟。

同时，我们要注意说话的氛围，说话时要放松情绪，调节气氛。消除双方因过多顾虑而过于谨慎的言谈是非常必要的，约会时的一次"冷场"，往往会给双方带来较为严重的负面心理负担。这种负面心理会化作一种沮丧、退缩的行为，从而进一步影响之后约会的语言表达能力。

总之，如果我们能掌握好利用醋话来暗示这一爱情心理策略的话，能给心爱的人吃一颗定心丸，这对于双方关系的促进是极有帮助的！

心理学与说话

用"娇滴滴"的口吻，点燃对方爱的火焰

谈到"撒娇耍赖"，也许好多人对此会嗤之以鼻，尤其是那些个性强的女性，她们认为，女人应该独立，这个独立当然是指人格方面的独立。如果你失去独立的人格，那么就好比一朵娇艳却脆弱的花朵，一点点风吹雨淋，就会让你承受不了。此话不假，但在情感天地里，那些能点燃男性爱的火焰的女性，多半是懂得撒娇之术的。因为从男性的心理角度看，他们内心或多或少都会有大男子主义，而且也对自己的爱人有保护的欲望，如果女人过于坚强，让男人无计可施，长此以往，男人会觉得，自己在女人面前太无能，而当一个娇弱的女性一出现，他的大男子主义绝对会极度膨胀，对她的爱也就越加膨胀。

无论是恋爱还是婚姻中，女人要想在男人面前永葆魅力，就一定要学会用娇嗔之语，说得他心花怒放，说得他心服口服，他自然就会对你言听计从，爱恋有加。撒娇耍嗔，可能对于那些天性软弱的女性相对容易，但若是对那些性格较强的女性，似乎就不那么容易了，她们不知道撒娇的话要如何开口，如果硬要说点什么的话，就只剩下唠叨、争吵了。

第9章 面对恋人，巧言善语赢得真心

心理点拨

对此，我们有以下几招对策，可供参考：

1.避开焦点

遥遥和男朋友约好下班出去吃饭，已经到时间了，可遥遥由于工作没交接完还不能出去。心想：男朋友一定会生气，他很守时。忙完工作，到了约定好的饭店一看，男朋友果然阴沉着脸，气呼呼地坐在那。遥遥在男朋友的注视下缓慢地走了过去，说："都是这双讨厌的凉鞋，早不崴脚，晚不崴脚，偏偏赶上这时候，唉，我疼点无所谓，可是却耽误了你的时间，真让我过意不去。"说完还一脸疼痛和自责的表情，男朋友心疼地说："你该让我去接你嘛，快让我看看脚。"

2.欲擒故纵

有次吵架,老公要离家出走,小丽挡在门口说:"自古以来都是女人离家出走,你这么做不符合事物发展的正常规律。"老公说:"你想怎么样?"小丽坚定地说:"我走,我要把属于我的东西全带走,哼!"说完不由分说地拉着老公跑下了楼。老公问:"你究竟要干什么?"小丽说:"你是我的东西啊!"老公说:"我才不是东西呢!"说完自觉不妥又急忙改口说:"我是东西。"说完,两人都忍不住大笑,一片乌云就这样散了。

3.顺势下台阶

下班后,洋洋想请男朋友小杰回家吃饭,给他打电话问他想吃什么菜。小杰想了半天说不知道。洋洋说:"那我买芸豆和黄瓜了。"小杰说:"天天吃,不烦啊?"洋洋提高了分贝:"那你说买什么?"小杰生气地说:"随便,我不吃了。"然后挂断了电话。洋洋冷静一下,权衡利弊后,买了鱼和豆腐。然后给小杰打电话,欣喜地说:"我好不容易买到了'随便'这种菜,你还吃吗?"小杰笑了说:"还是你厉害啊!吃。"洋洋说:"第一回买这种菜,我还不会做怎么办啊?""我做。"小杰痛快地说。

4.随机应变

一日,老公陪孙倩逛街,孙倩突然打起嗝来,任凭孙倩屏气、喝水也无济于事,孙倩就直嚷嚷难受。老公不耐烦地说:"每天就你事多,再烦我就不陪你逛街了。"见状,孙倩心里很生气,觉得老公也太不体贴了,刚想发作,发觉自己不打嗝了,于是笑嘻嘻地说:"老公,你这吓唬人的招儿还真管用,我好了。"老公也顺水推舟地说:"当然了,我是故意那么说你的,否则你还得打嗝。"

心理学与说话

女人温言暖语最能俘虏爱人心

有人说,温柔是女人征服男人最有力的武器,这句话是有道理的。纵然男人是钢筋铁骨,听到了女人的柔声细语,也许仅仅只是一声低唤,一阵呢喃……也会心甘情愿地陷落自己的城池,醉倒在女人温柔的声音里,不愿醒来。

事实上,女人较之男人来说,感情更为细腻、敏感,这也正是女人吸引男性的地方之一。所以作为女人,一定要懂得服软,学会说些"软话",并要善于运用你的表情和语调,来增强说服男性的效果。

心理点拨

那么,爱情中,女人该怎样说软话呢?

1.女人也可以主动示爱

女孩似乎总是被动的、害羞的,即便遇到自己心仪的男生,也不敢大胆地表达。甚至有些女孩认为,作为一个女孩,不能主动示爱，否则会失去了尊严。而你想过吗？如果你因为所谓的尊严而错失一生的幸福，那该是多么遗憾。如果你爱他，不妨大胆地说出来吧。事实上，并不是所有男人都敢于主动追求女孩，有的人虽然外表高大，却很可能是一个保守而又内向的人。也许，他在心里对你暗暗地喜欢，却不敢表达。如果你喜欢上了这样一个内向的男孩，那么不要沉默，大胆地开口，让他知道你的心里话。同时，人们说"女追男隔层纱"，懂得先服软，可能收获的会是一份真挚的爱情。

2.懂得示弱，让男人充当保护者的角色

比如，当你在工作中或是生活上遇到了不能解决的问题，你便可以让男性来解决，对此，你可以这样说："我听说你在这方面很在行，你可不可以帮我看看，我这份策划还有什么不完善的地方？"在这样的你来我往中，很容易碰撞出爱情的火花。

3.说话要给男人面子

在和男人说话的时候，有些女人像吃了"枪药"似的伤人，丝毫不给男人面子。这样的女人怎么能得到男人的爱恋呢？

可见，女人在说话的时候，有些话切莫直说，把话说软些，自然中听得多。

总之，作为女人，不要在男人面前显示你的强势，甚至大声地斥责他。学会说"软话"，他自会乖乖成为你的俘虏。正像一位诗人所说的，"女性向男性'进攻'，温柔常常是最有

心理学与说话

效的常规武器"。

第10章

面对亲人，贴心暖语营造快乐家庭

家人之间要学会道歉与原谅

有时候，我们难以想象，对自己说出那些尖刻、伤感情话的人，却是自己最亲近的人。似乎每个人都有这样的习惯：我们总是很容易原谅别人，却往往不肯原谅自己身边的人。大多数的人认为，结婚了彼此就成为一家人，就不需要繁缛礼节了，似乎"对不起""没关系"在他们的字典里消失了。事实上，即使面对家人，我们也应该学会道歉与原谅，这既是一种爱的表现，同时，也可以使彼此都能够释怀。

小丽在一家大公司上班，平时工作压力就大。最近接手了一个很棘手的新客户。她的第一次提案就被狠狠地打了回来，要求重做。时间紧迫，客户要求又很刁钻，令她情绪很差。

晚上下班回家，一进家门，就看见儿子趴在地上玩耍，手里拿着的是自己公司里的阅读资料。她急忙从儿子手中抢过资料，再看老公，正悠闲地坐在沙发上看电视。看到这幅场景，小丽不由得大发脾气。

第二天早上，小丽就意识到了自己昨晚的错误，自己实在不应该将工作上的怨气带回家。于是，她早早地起床做了早餐。在餐桌上，小丽郑重地向老公和儿子道歉，老公抱着儿子，低下头问儿子："宝贝，你说，原谅妈妈不？"懂事的儿子点点头，一家人都笑了。

> 我向你们道歉，昨晚我不该把工作时的脾气带回家里。

其实，所谓的婚姻之道就是两个人的相处之道，聪明的人，一旦自己犯了些错误，就会及时地道歉，弥补伤痕，这样一来，大家都能够释怀，同时，也把伤害降到了最低。如果事情发生了，大家都只生闷气，互不理睬，觉得道歉是很丢脸的事情，那么，有可能只是一件小小的事情，却会造成巨大的伤害。在家庭中，我们不能忽视道歉和原谅的作用。

心理点拨

两个人相处，最重要的是包容和谅解，当一个人感觉到自己被理解的时候，他会感激身边的人，彼此之间的感情也会逐渐升温。甚至，我们可以说，两个人之间的相处之道就是理解和包容。

（1）既然爱上了一个人，就要接纳他的缺点和优点，如果对方在某方面犯了错误，我们应该怀着宽容的心去原谅他，帮助其改正错误，还家庭一个和谐温馨的环境。有人说："我们最大的缺点在于，对他人太宽容，对身边的人太苛刻。"在很多时候，的确是这样。

（2）当你想对家人生气的时候，不妨把他当作自己的朋友或者客人来对待，那么，你会发现，有些事情其实并不值得生气。

与家人说话也要有足够的尊重

心理学家建议：把礼貌带进婚姻。在现实生活中，我们常常看到大男子主义的丈夫大声支使妻子"这个菜太咸了，你重新再炒一个""我饿了，赶快去给我煮碗面"，或者，看到许多女人声色俱厉地对着丈夫发威："喊你洗衣服，你还在磨磨蹭蹭干吗？""快去把我那件衣服拿过来，快点啊！"诸如此类的现象简直是不胜枚举。许多人认为，结婚了那就是一家人，有什么要求就直接提出来，不用跟家人客气。其实，既然已经是一家人了，我们更应该懂得尊重对方，因为一个家庭是由两个完全独立的人组成的，谁都没有义务与权利去被要求与要求他人，如果我们需要对方为自己做点什么，至少应该懂得礼貌，委婉地表述，考虑到对方的心理，这样，对方会更加乐意为你效劳。

有的妻子无疑是聪明的，她在要求丈夫去干什么的时候，总是对其夸赞一番，委婉地表达自己的要求。如此一来，在妻子的赞美之下，丈夫心中还有什么怨言呢？即使再累也会感到由衷的幸福。相反，有的妻子总是指使丈夫做这做那，全然不

第10章 面对亲人，贴心暖语营造快乐家庭

> 你真是有福气，有一个这么能干的丈夫。

> 老公，你的机会来了，快进来吧！

顾丈夫的面子和自尊，日子久了，丈夫心里自然是抱怨连连。有时候，我们不妨这样想一想：本来这些事情都应该是我们自己做的，他没有义务为我们做这做那，把家人当成朋友，试着以客气、婉转的方式请求他，他不仅不会拒绝，而且，会满心欢喜地做这些事情。

心理点拨

因此，向家人提出要求或请求时，应注意以下几方面：

1.切忌用命令口吻

许多人在工作中是一把手，于是，他们习惯性地将这样的姿态带到了家中，做任何事情，他们都以命令的口吻，动不动就说:"我跟你说,你这样是错的,跟你说过多少次了。"以这样命令的方式来要求家人,对方心里肯定不好受,对你的要求也不见得能接受。毕竟,家人是家人,他们不是你的员工或下属。

2.带点赞美的请求

当我们需要请对方去做一件事情的时候,不妨先给对方戴一顶高帽,比如:"我就知道,做这个你最在行了,相信你一定能够顺利完成的,老公,加油哦!"如此带点赞美、甜蜜的请求,谁能够拒绝呢?

这样说话孩子才能听进去

当了父母,随之而来的却是一个大难题:怎么样和孩子说话,孩子才听得进去呢?这个问题困扰着许多父母,并逐渐成为了一个家庭问题。大多数父母会抱怨:"不知道该怎么跟孩子说话,简直是对牛弹琴,无论我怎么说,他就是不听,我有什么办法?"难道所有的孩子都是顽固不化的?当然不是,与孩子交流,父母也应该注意自己的语言表达,这样孩子才能够听进去。很多时候,不要总是把他们当作什么都不懂的小孩,

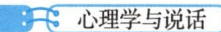

学会做他们的朋友，这样双方才能顺利沟通。

在家庭教育中，父母的说话技巧也是十分重要的，语言能够成为亲子之间沟通的载体，也会造成亲子之间的隔阂。在家庭中，没有良好和谐的关系，教育就无从谈起，而亲子关系出了问题，其实就是双方的沟通出了问题。在大多数情况下，由于父母说得多听得少，因此，他们感到自己无论说什么，似乎孩子都听不进去。

心理点拨

1.表达出对孩子的理解

在任何一件事情上，孩子都有他自己的感受，因此，父母在话语中要表达出你对孩子感受的理解，一定要向孩子确认你的理解是对的，让孩子感觉到你是朋友，而不是高高在上的家长。

2.理解孩子的感受

在沟通中，我们要表达出对孩子的同情，但是，同情并不意味着认可或者宽恕孩子的言行，而只是表示我们理解孩子的感受。在适当的时候，我们可以告诉孩子自己在小时候也有类似的行为，这样一来，效果会更好，一下子拉近了自己与孩子的心灵距离。

3.试着让孩子自己解决问题

有时候，孩子不听父母的话，是因为他们更坚持自己的做法。这时，不妨试着让孩子自己解决问题，询问孩子对于避免出现这样的问题有什么想法。如果孩子有想法，父母就应该加以引导；如果孩子没有想法，父母可以提出一些具体的建议，直到彼此达成共识。

婆媳间的言谈要留心

"婆媳关系"是一个非常敏感的话题。对于已经进入婚姻围城的人来说,处理"婆媳关系"比什么都困难,婆婆和儿媳都互相抱怨:"你怎么这么难相处啊?"其实,在这个世界上,并没有那么多刁钻的婆婆,也没有太多凶恶的媳妇,婆媳之间之所以难相处,原因在于"言谈",矛盾的爆发常常是因几句不恰当的言论,久而久之,两个人心中就有了疙瘩,矛盾日益加深,于是,就少不了磕磕绊绊与争吵。所以,处理好婆媳关系的关键一步在于注意自己的言谈,留心对方的神色。

小叶没想到刚结婚不久,就领教了婆婆的挑剔。那天,小叶在洗菜时,将菜花的叶子全部择掉了,正准备扔进垃圾桶,婆婆就冲着小叶嚷道:"你这么浪费怎么行?菜花叶子照样可以炒着吃,年轻人就是不懂得过日子。"听了婆婆的话,小叶心里十分委屈,心想:我以前可从来没有吃过菜花叶,也没有听说谁家吃过,这怎么能和不懂过日子联系在一起呢?婆婆这不是借机找茬吗?小叶真想回敬婆婆几句,但是,转念一想:

妈妈也经常为这样的事情说我，我怎么就没那么大的反感，为什么婆婆一责怪自己就不能忍受？看来自己和婆婆还是比较生疏，没有把婆婆当母亲看待。

> 妈，我不经常做饭，听您这么一说，我下回就知道了。

> 我也是对事不对人，可能说话方式不好，你可不要往心里去啊！

小叶在与婆婆接触的过程中，能够理解到婆婆的好意，即使心中觉得委屈，但她还是一副谦虚受教的姿态，言谈谦和，婆婆自然就没有办法生气了。事实上，即使是同一个意思，不同的表达方式也会掀起轩然大波。如果小叶如实相告："我家可从来不吃菜花叶子，我也没有听说谁家这样吃。"那婆婆肯定会因此而生气，而像小叶这样的语言表达不仅赢得了婆婆的赞赏，而且，也为以后的婆媳关系奠定了良好的基础。

心理点拨

那么，婆媳之间的言谈应该注意哪些方面呢？

1.忌挑剔之语

不管是婆婆还是儿媳，言谈间都不宜使用挑剔之语，应尽量以包容的态度来沟通，如果对方所做的事情真的令自己不满意，我们也要学会谅解，表达自己的感激之情，委婉地提出自己的建议，这样一来，彼此都很容易接受。

2.语气谦和

婆婆和儿媳都是一家人，婆婆不需要将自己摆在高高在上的位置，儿媳也不应该总是以"女王"身份自居，尤其是说话方面，彼此语气都谦和一些、客气一些，保持一定的心理距离，矛盾少了，欢笑也就多了。

3.站在对方的角度想问题

有时候，可能婆婆对这也看不惯，对那也看不惯，但是，作为儿媳应该想想她以前生活的年代，尽量站在对方的角度想问题，这样就能理解她的言行。对婆婆来说，也是一样的道理，不能老是让自己沉浸在过去那个年代，应该多了解现代社会，观念开放了，思想就开明了。互相理解双方，婆媳之间的矛盾自然就没有了。

小吵小闹也可以很温情

感情需要激情的碰撞，就像玩碰碰车，乐趣在于东碰西撞、你攻我守，而感情中的激情就如同游戏中的刺激。结婚后，爱情的激情早已不再，日子渐渐回归了平淡，每个家庭都会发生争吵，偶尔小吵小闹，会给我们增添许多乐趣，让我们重新感受到感情的激情与甜蜜。当然，两个人之间的吵架只限于小吵小闹小情话，一旦战争升级了，不仅不能增进感情，反而会伤害彼此之间的感情。因此，在家庭这个城堡里，我们要学会将"吵架"变成感情的催化剂。

《红楼梦》第十九回，曹雪芹描述了宝玉与黛玉吵闹的情景：

宝玉回到了黛玉房里，见她睡在那里，就去推她，黛玉说："你且别处去闹会子再来。"宝玉推她道："我往哪里去呢？见了别人怪腻的。"黛玉听了，嗤的一声笑道："你既要在这里，那边去老老实实的坐着，咱们说话儿。"宝玉道："我也歪着。"黛玉道："你就歪着。"宝玉道："没有枕头，我们在一个枕头上。"黛玉道："放屁！外头不是枕头？

拿一个来枕着。"宝玉看了一眼,回来笑道:"那个我不要,也不知道哪个脏婆子的。"黛玉听了,睁开眼,起身笑道:"真真你是我命中的'天魔星'!请枕这一个。"她把自己的枕头让给宝玉,自己又拿了一个枕着。

虽然只是"抢枕头"这样的小事,但是,在两个人之间,却成为示爱的一种活泼而随意的方式,互相有好感的黛玉和宝玉没有因"小吵小闹"而生气,反而变得越来越亲密。在家庭里,两个人彼此依赖、深深相爱,"吵闹"成为他们调解气氛的工具。虽然,旁人看起来像吵架一般,你一言我一句,你奚落我,我挖苦你,互不相让。但是,这与真正的吵架却有所不同,他们以轻松、欢快的态度说出那些尖刻的言辞,以这样的方式表现出彼此的亲密与娇嗔。

心理点拨

当然,即使是生活中的"小吵小闹",稍有不慎,也有可能会升级为战争，因此，我们需要注意以下几个问题。

1.不要冷战

大多数人吵闹时常常喜欢用冷战的方式，不接电话，或者一气之下出去住。其实，冷战无疑是一场赌博，冷掉的不仅是彼此之间的怨怒，还有感情。有人企图用冷战的方式去惩罚对方，殊不知，在这个过程中你自己也受到了惩罚。

2.不要冷嘲热讽

有的人在吵闹时喜欢说讽刺的话，比如："你回来干什么？外面多逍遥自在啊。"这种语气只会激怒对方。冷嘲热讽的伤害是巨大的，没有哪一个人能容忍爱人对自己的嘲讽，真实地展露自己的诉求，对方会更容易理解。

3.就事论事

有时候，吵闹的导火线就只是一件小事，但是，由于两个人相处久了，了解彼此的事情多了，在吵闹时就将那些陈年的往事翻了出来。这样，只会增加彼此之间的怨气，不如就事论事，你会发现，这些小事根本不值得生气。

4.多点娇嗔之语

在吵闹时，少一些犀利的语言，多一些温情的娇嗔之语，即使对方正在气头上，也会马上转怒为喜，这就是"小吵小闹小情话"，能增进感情，使爱情更加甜蜜。

参考文献

[1] 鸿图.说话心理学[M].北京：海潮出版社，2013.

[2] 成杰.话语攻心术：把话说到对方的心坎里[M].北京：中国华侨出版社，2012.

[3] 邹静.每天一堂心理分析课[M].北京：人民邮电出版社，2013.